テレワーク歴15年の達人が教える

うまくやる人のリモートワーク術

がんばりすぎずに賢く仕事を回すヒント

山内貴弘
Takahiro Yamauchi

すばる舎

はじめに

2019年末に中国・武漢で発生し、翌2020年の春からは日本をはじめ世界各国に急拡大した新型コロナウィルス感染症（COVID - 19）は、私たちの生活に非常に大きな変化をもたらしました。

特に日々の仕事の仕方は激変を余儀なくされ、一時的とはいえ多くの企業で、なかば強制的に在宅リモートワークが導入されました。

たとえば、東京都内の従業員30人以上の企業を対象とした東京都の調べでは、テレワーク実施率が2020年3月に24・0％、4月には62・7％と、ごく短期間のうちに2・6倍にまで拡大しています（東京都「テレワーク導入率緊急調査」）。

新型コロナウィルスの感染者数が急拡大していたこの時期には、実施率が実に6割を超えていたのです。各社内にリモート対応できない職種の人たちがいたであろうことを考慮しても、少なくとも都内の従業員30人以上の企業では、**リモートワークを経験した人のほうが多くなった**と推測できます。

※一般に「テレワーク」とは、インターネット等の通信技術を使った業務形態のことを指します。「リモートワーク」はテレワークをその一部に含み、より広義に、場所を問わない個人やチームでの仕事の在り方を指す用語です。

その後、政府の緊急事態宣言が解かれ、外出や出勤についての自粛要請も解除されたことで、通常の勤務体制に戻った職場もたくさんあります。

ただこれを機に、リモートワークを社員の勤務形態のひとつとして、制度化する企業が多く出てきました。

コロナ禍の前から、いわゆる「働き方改革」の一環として在宅勤務やテレワークなどのリモートワークが推奨されており、どうせならとそのまま制度化・恒久化する企

業が多く出てきたのです。その先頭集団のなかには、日立グループなど古くからある大企業もいくつかありました。
ふだんなら変化するのにとかく時間を要する日本企業ですが、コロナ禍という特殊な状況もあって、リモートワークについては一気に導入が進んだ形です。

一方でこうした急激なワーキングスタイルの変化に、戸惑う人も多く出てきました。
なかでももっとも多く聞かれた悩みは、「リモートワークだとコミュニケーションが難しい！」というものでしょう。
「在宅勤務だと子どもやペットに邪魔をされて、仕事にならない！」といった声も多数聞かれました。

実際、公益財団法人 日本生産性本部が２０２０年の5月中旬に、20歳以上の雇用者約１１００人を対象に行った調査によれば、テレワークでの仕事の効率については「上がった」「やや上がった」が合わせて33・８％だったのに対し、逆に「やや下がった」「下がった」は合計で66・２％と、仕事の生産性や効率の面ではむしろ下がってしまったと感じる人が過半数を超えている、とする結果が出ていました（日本生産性本部「第1回 働く人の意識調査」）。

テレワークや在宅勤務などのリモートワーク体制にはなったけれど、生産性は落ちてしまった――これでは、満員電車での通勤から解放されたと喜んでばかりはいられません。

しかし、これは当然の結果のように思われます。ここまで急激なワークスタイルの変化は、過去にもそうはなかったのですから……。

現在、企業はコロナを前提としたいわゆる「ニューリアリティ」への備えを検討し始めています。そして、この新しい環境での効率的で生産性の高い仕事の仕方を、多くの人が模索している段階と言えるでしょう。

この先行き不透明な大変化の中でも、仕事を通じて成長したい、もっとよい結果を出して、会社や社会の役に立ちたいと願っているビジネスパーソンは多くいます。

また経営者や部下を持つ管理職の方なら、組織内のコミュニケーションの方法がガラリと変わってしまったこの新世界で、どのようにすれば高いレベルのパフォーマンスを維持できるのか、日々、試行錯誤を繰り返しているところだと思います。

この本はそうした、リモートワーク環境でより多くの成果を出したいと考えているビジネスパーソンに向けて書いた本です。

……

自己紹介をします。

私は株式会社クレスコという東証1部上場企業で、全社のＩＴエンジニアをリードする役職に就いている山内貴弘と申します。

前職でも同じような仕事をしていて、ＩＢＭというみなさんもよくご存知のグローバル企業で、全世界に散らばる同社所属のＩＴエンジニアについて、人材配置の責任者のひとりとして務めていました。

世界中にいるプロフェッショナル社員のアサイン状況や役割分担を日々確認しながら、日本国内での最適なサポート体制や人員の配置を調整。必要があれば、組織体制を大きく変革するような仕事もしてきました(こうした仕事は、各エンジニアの仕事の内容について理解していないとできません。つまり、私自身もＩＴエンジニアであり、プロジェクトマネージャーでもありました)。

このように多くの人の勤務状況や役割を調整する仕事では、ＩＴをフル活用したテレワークが必要不可欠です。

特にＩＢＭの場合は全世界に営業展開するグローバル企業ですから、いま日本で顧客に提案しているソフトやハードの開発者は、ニューヨーク州のポキプシーやノースカロライナ州のラーレイ（ローリー）などで勤務していて、修正が必要な場合はそちらに要望を送って作業してもらう、というようなことをかなり早い段階からごく普通の業務として行っていました。

さらに２０００年代に入ると「オフショア開発」という名前で、お客様から受注したソフトウェアは設計は東京で行っていても、プログラミングは上海で行うといった国際的な分業スタイルが確立していきました。

こうなると、国境や大陸を超えたテレカンファレンス（電話会議など）やドキュメントのやり取り、必要に応じた報告や連絡、相談、ＩＴを活用した勤務状況やスケジュールの共有などは、もはや日常です。

国によって労働法規も違いますし、時差もあり、さらに言語の壁もあります。ＩＴエンジニアには個性的な人も多いですから、ワークスタイルも人によって全然違います。通常のリモートワークよりも、さらにハードルが高いグローバルに最適化されたリモートワーク体制で、ずいぶんと長いあいだ働いてきました。

ＩＢＭというと、もしかしたらハードウェアの会社というイメージを持っている方もいるかもしれませんが、創業当初から、実はソフトウェア開発の分野でも大きな存在感を占めていた会社です。現在ではむしろソフトウェアとサービスが主力の会社で、２０１１年に全米クイズチャンピオンに勝った商用ＡＩ「ワトソン」や、各種のクラウドサービス、企業向けミドルウェア、ビッグデータ分析ソフトウェアやセキュリティソフトウェアなど、さまざまな商品を開発しています。

こうしたソフトウェア開発の世界は、人とコミュニケーションし、協業してやっていく世界です。それを大規模な世界レベルで続けてきたわけですから、ＩＢＭの働き方の歴史は、そのままリモートワークの歴史と言っていいのかもしれません。

私自身について言えば、２００５年くらいから海外のオフショア拠点を活用した開発や、テレカンファレンスを通じたサテライト拠点間でのコミュニケーションの比率が大きくなりました。個人的にも、仲間たちと海外の英語教師に仕事を発注するギグワークのような仕組みをつくっていましたので、仕事の多くがリモート環境でのものになっていきました。さらには昨今のデジタルトランスフォーメーションの伸展にともない、アジャイル開発というスピード感のある開発スタイルについても、リモートワークを駆使して実践しています。

現職のクレスコに移ってからも、そのときどきの最新の方法でリモートワークをして、籍（席）は本社にありながら、「ほとんど本社にいない人」であり続けています。

とはいえ、常にリモートワークをしているわけではなく、お客様に直接ご説明したり、ミーティングに出席したりする必要があるときには、オフィスに出勤して勤務しています。

振り返ってみれば、すでに足掛け15年以上も、必要に応じてリモートワークが許される環境（たとえば裁量労働制やフレックスタイム制、在宅勤務制度）で仕事を行ってきているいることになります。

こうした長年の経験から、私はリモートワークでどのようにすれば効率的に、生産性の高い仕事ができるかを、ある種のノウハウとして身につけてきました。

いま、急にリモートワーク体制に移行した多くのビジネスパーソンの方々にとって、こうしたノウハウは強く求められているものではないかと考えています。

IBMには世界中の多様な人たちが集まっていましたから、多様性、ダイバーシティというものを非常に大切にします。お互いの個性を尊重しながら、お客様の課題解決のために一致協力する社風でした。

その後に入社したクレスコも非常に特色のある会社で、安全衛生優良企業マーク推進機構（SHEM）が公表する「ホワイト企業ランキングTOP100」の最新版（本書執筆時点／2020年4月版）では、全業種で20位、情報通信業ではトップにランキングされています。

とにかく社員同士の仲がよい会社で、人間を中心に考える会社です。

※クレスコは「#取引先にもリモートワークを」というアクションを、国内大手企業

とともに行うメンバーの一員でもあり、現在、社としてもリモートワークを推進する活動をしています。

ＩＢＭで学んだ多様性と、クレスコで学んだ人間中心主義、縁あって籍を置かせていただいたトップ企業２社で学んだリモートワークのノウハウを、今回、仕事術として統合しました。

そのため、バリバリのテクノロジー第一主義で「あなたの会社は、まだテレワークできていないの？」などと突き放すマッチョで脅迫的な内容ではありません。しかも私自身が居酒屋の店主との会話も大切にしたい「半デジタル派」ですから、多様性に根差した、「人にやさしい」リモートワーク術になっていると思います。

もしかしたら、「そんな軟弱な内容を求めているわけではないよ！」という向きもあるかもしれませんが、リモートワークでは最初から効率を追い求めても、そんなにうまくはいかないんだよね、というのが私の長年の経験則です。うまく機能させるには、リアルなオフィスでのコミュニケーションも適宜併用しながら、それなりに時間をかける必要があるのです。

一方で、リモートワークを隠れ蓑にして働かない、働きたくない人たちを擁護するノウハウでもありません。

どんな環境であっても、所属するチームのために情熱を持って努力しようとする人が、リモートワークでも余計な苦労をせずに、しっかりと成果を出すためのガイドブックにしたつもりです。

働き方の急激な変化に対応していくにあたり、誰もがお互いを尊重し、かつ高いパフォーマンスを発揮できるよう、本書がみなさんのお役に立てば幸いです。

——前置きはこのくらいにして、まずはリモートワークで何かどう変わるのかを、第1章でざっくりと確認していきましょう。

第2章 環境を整え、仕事相手を理解しよう

第3章

個性に合わせた働き方でがんばりすぎずに生産性を引き上げる

第4章

リモートコミュニケーションでの「べからず集」

企画協力／松尾昭仁（ネクストサービス株式会社）
ブックデザイン／八木麻祐子（Isshiki）
イラスト／ひらのんさ
編集担当／菅沼真弘（すばる舎）

第1章

人と会う機会が激減する新世界がやってきた!

——お客様とも、同僚とも

Step 01

「出張」がほとんどなくなる!?

そもそもなんで出張してたんだっけ？

リモートワークの急激な導入によって、今後私たちのワーキングスタイルにどんな変化が起こるのか、まずはわかりやすいところから見ていきましょう。

間違いなくさまざまな変化が起こってきますが、まずは「出張」という業務を行う機会が目に見えて減ってくるはずです。

ＩＴを駆使したテレワークが一般的になると、自分も顧客も、ZoomやマイクロソフトのTeams、アマゾンのChime（チャイム）、シスコのWebexといったビデオ会議ソフトウェアに日常的に親しむようになります。

もちろん文字ベースでのメール等のやり取りや、電話でのコミュニケーションは従来どおりに行われますし、アマゾンやグーグルが用意したクラウドを利用する業務などは、現在でもかなり広範囲に行われているでしょう。

すると、遠隔地のお客様に何か商談を持ちかけたいとか、親密度を上げるために顔を見せたコミュニケーションを行いたいというときにも、「とりあえず、お客様にビデオ会議を打診して、受けてくれたらそこで当たりをつけてみたらどうかな？　資料もクラウド経由でお送りしたらいいし、そのほうが早いよね」となることが急激に増えてくるのです。

コロナショック以前であれば、「そうは言っても先方は古い会社だから、まずは実際にお会いしないと話が始まらないよ」となることも多かったのですが、いまや業種や業態、会社の体質などを超えて、ほとんどの企業がテレワークを体験済みです。

呉服屋や伝統工芸品のお店、家族経営の民宿などなど、「こんなところでも？」と思うような会社でも気軽にビデオ会議を承諾してくれます。

東京など大都市圏から離れた地方にある取引先ほど、逆に必要に迫られて、そうし

たテレワーク対応が進んでいる、といった実態も生まれてきています。

どのお客様も気軽にビデオ会議に応じてくれる状況では、わざわざ交通費と担当社員の身柄を丸1日拘束する人的コストをかけて、数時間程度の打ち合わせのために物理的に長距離を移動することが、だんだんと正当化できなくなってきます。

特に交通費が高額になりがちな海外出張は、本当にどうしても必要な場合だけに限られるようになるでしょう。最初の「顔合わせ」のために直接会うことや、海外の展示会などに参加すること、あるいはアフター5の懇親会などの機会を利用し、顧客との関係を強化する手法はなくなりませんから、出張も完全になくなることはありません。ただその回数は今後、従来よりもグッと少なくなるのは間違いないでしょう。

実際に私がIBMに勤務していたときも、私は世界中や全国に散らばるプロフェッショナルと日常的に面談やコミュニケーションを行ってきましたが、そのほとんどは直接会うわけではなく、テレカンファレンスによるものでした。誰かに会うためにわざわざ遠隔地まで出張をした経験は、一般的な職種のビジネスパーソンに比べても非常に少なかったのではないかと思います。

また米国資本の会社に長年務めていたわけですが、米国に出張した回数もさほど多くありません。現地に半年とか1年といった長期滞在をするのならまだしも、数日や数週間という短期間では出張する意味などない、という考え方が社内で共有されていたからです。

米国は広い国ですから、たとえばニューヨークのオフィスに出張しても、西海岸や中西部にいる人などとは結局、電話会議やビデオ会議ばかりになります。それならば、日本にいながらビデオ会議するのと変わらないじゃないか、という話になります。

国際的な分業の進展で、世界各地のベスト・オブ・ベストを組み合わせて商品化する必要性も増しています。そういう状況では、世界中にある一つひとつのオフィスに直接行って交渉するのは、そもそも不可能という事情もあります。

テレワークやリモートワークが日常的な働き方になると、物理的な移動を伴う出張は自然と少なくなるのです。にわかにリモートワークを導入した日本の職場でも、これから同じような変化が起こってくるはずです。

今後は多くの職場で、「あぁ〜あ、雪まつりの時期に合わせて行った札幌出張がなつかしいなぁ」などと、かつての出張をなつかしむ声がたくさん聞こえてくるようになること間違いなしです。

コストと効率の両面で再チェックする風潮が高まる？

そうして出張の機会が激減すると、今度は「これまでの出張ってどれだけ非効率的だったんだ？」と、従来の自分たちの行動を再チェックする感覚が生まれます。

現地でしかできないことや、取引先の担当者に直接会うことに重要な意味があったのなら話は別ですが、「前もそうしていたから」という理由だけで、緊急の必要性もないのに定期的に出張していたようなケースが、どんどん槍玉に挙げられていくのです。「ビデオ会議で対応できるにもかかわらず、1、2時間程度の打ち合わせのためにわざわざ先方まで飛行機に乗って行って、どうするんだ！」という感覚です。従来の〝移動を前提としてきた習慣〟を考え直す契機となるでしょう。

そうすると、出張と同じようにこれまでなんとなく行われてきたその他の商習慣についても、本当に効果的だったのか、またＩＴを駆使したテレワークによって代替できないかと、さまざまに検証されていく風潮が出てくるでしょう。

リモートワーク時代に則した、より効率的な仕事の仕方へと、芋づる式に変わっていくことが予想されるのです。

全メンバーが出席しての朝ミーティング、課員の進捗確認のためだけの打ち合わせ、社長の指示を聞くだけの会議など、さまざまなものが再チェックの対象になっていくはずですし、そうならなければ、もはや生き残っていけなくなるでしょう。

アフター5の飲みニケーションについても、飲み会が急速にオンライン飲み会に変わるなど、変化の萌芽はすでに生じているように思えます。

物理的に移動する価値はかえって大きくなる

ワーキングスタイルがそのように変われば、現在とは大きく意味が変わってくる商習慣も出てきます。たとえば出張に関しては、逆説的ですが回数が激減することによって、その移動の価値が高まります。

地方出張であれば「ビデオ会議でも対応できるのに、わざわざ自分に会いに地方まで出張に来てくれた」と顧客が感じるようになるからです。

出張する社員自身にとっても、ふだんとは異なる環境に移動することで、非日常感を感じてリフレッシュし、新しいアイデアを生むきっかけとなったり、リラックスを感じたりするなど、出張の持つ「社員へのご褒美」「レクリエーションの一環」としての価値が、従来よりも格段に高まっていくはずです。

結果として、今後は成績優秀者にだけ出張が認められるとか、年に一度、週末と合体させての出張が認められるとか、そうした形に変わっていくのではないでしょうか。

そうして国内旅行、海外旅行の価値がますます高くなる「ニューリアリティ（新しい現実）」が生まれます。ビデオ会議でも代替可能なレベルの出張はなくなり、その土地に行き、その人に会うことの本当の価値が再認識されるようになっていくのです。ますます魅力的な旅行プランが登場し、会社としても個人としても、旅や移動が見直されるような世の中になるのではないかと思っています。

リモートワークが当たり前になった世界では、時間と費用を使って物理的に空間を移動することの特別感が大いに高まります。今後はより意識的に、その特別感を活用していくことが求められるようになるのでしょう。

POINT

ビデオ会議の普及によって出張の機会は激減。移動を前提としないワーキングスタイルが模索される。旅行や出張は、これまでとは異なる形で捉えられるようになる。

Step 02

職場の人間関係が少しだけドライになる

不在者の増加が〝虚礼廃止〟につながる

出張つながりで言えば、これからのリモートワーク時代には、出張帰りのお土産をオフィスの同僚にたくさん配るような習慣も、急速に消えていくことが予想されます。たとえば札幌への出張帰りに、白い恋人やじゃがポックルといったお土産が配られることもなくなります（このふたつのお土産菓子、美味しくて、個人的には好きなんですけどね）。

オフィスという空間では、毎日同じメンバーが仕事をしています。
そのうちの一人が出張で1週間オフィスを空けたとすれば、出張後に「北海道、どうだった？」とか「やっぱり食事は美味しかった？」などと声をかけられるでしょう。

留守中に仕事をフォローしてくれていた同僚もいるでしょうから、出張の報告と不在期間中のフォローに対する感謝を込めて、お土産を配るわけです。

これは、そうすべきと指導されるわけでは決してありませんが、やはり「職場の空気」やいろいろな人間関係を考えて、多くの人がそのようにしているはずです。

これまでの日本企業のオフィス空間とは、善かれ悪しかれそういうところでした。

ところが今後は、同じフロアの全員が、あるいは部署の数割の人員が、常にリモートワークでオフィスに出社してきません。フレックスタイム制や裁量労働制を導入している職場・職種であれば、さらに出社時間や在席時間もずれてきます。

そういう環境では、そもそも出張のお土産を受け取る人がオフィスにいません。空席のデスクに置いておくとしても、その人が出社してくるのがしばらく先のことであれば、賞味期限や衛生上の問題が出てきます。

加えて、前述したようにそもそも出張の回数が激減しますから、出張後のお土産問題はあっという間に過去の慣行となっていくのではないかと、個人的には考えているところです。

無駄な気遣いが不要になる？

そしてこれは、単にお土産を配るという習慣ひとつにとどまることではありません。オフィスの「空気」を必要以上に読み合い、気を遣い合って仕事をする日本的な労働環境が、リモートワーク導入によるメンバー多数の不在によって、ドライな人間関係な人たちが集まる「より機能重視の場」へと変わっていく——。

こうした革命的な変化が、長年の仕事習慣を急激に廃《すた》れさせる原因になっているからです。

リモートワーク時代には、そもそも自社のメンバーが同じオフィス空間に滞在する時間が少なくなります。

そこでの人間関係は、積極的に会話を持ちかけるといったアプローチをしなければ、必然的にドライになっていきます。

それはある意味、チームで仕事を行うために必要なことだけに集中して、必要なコミュニケーションだけが行われる環境です。たまに出社したときの居心地は多少悪くなるかもしれませんが、生産性や効率だけを考えると、むしろこれまでの日本的オフィス環境よりはずっと機能する空間へと変化するでしょう。

フロア全体が見渡せるような部長席のレイアウト、役職別の上座や下座が意識されたデスク配置、暗黙のドレスコード、机の下の電源タップやLANケーブルの使い方、これ見よがしにビジネス書を並べた課長席、社員間での出退社の順番、エレベータの乗り降りの順序、社内の廊下ですれちがったときの挨拶の仕方やお辞儀の角度、などなど……これら「オフィスでの気遣い」は、消え去るわけではありません。しかし、存在感が薄くなり、意識されることも少なくなるのではないでしょうか。

実際、私が勤務していたＩＢＭの日本オフィスでは、こうした日本的な職場での気遣いはあまり感じられませんでした。

それは同社が外資系企業だったからかもしれませんが、現職の日本企業クレスコでも、「空気」を過剰に気にすることは（少なくとも私は）ありません。

リモート環境が一般化している職場では、オフィスの「空気」感がより気楽なものになり、代わりに人間関係は少しだけドライになる、ということが言えるのかもしれません。

これまで職場でのウェットな人間関係にストレスを感じてきた方のなかには、この変化について、むしろ歓迎する方も多いはずです。

これは良い悪いの話ではなく、「リモートが当たり前な時代」には何をどうしてもそう変わる、という話です。

すでに2020年の新入社員からは、入社式もテレビ会議で、新入教育もEラーニングの活用がなされ、いわば「リモートネイティブ」な人材がどんどんビジネスの現場に入ってきています。

従来は当たり前だったことが、今後は大きく変わっていくのだと認識することが、とても大切になってきています。

POINT

職場の人間関係は、何もしなければ薄く、ドライになっていく。ただしこれは、リモート環境でのコミュニケーションが不要という意味ではないので、バランス感覚が重要です！

Step 03

特に「上司」は存在意義を問われる

パワハラ型上司の絶滅の危機

リモートワーク環境が一般化すると、特にマネジメント層や管理職はその実力を問われます。また同時に、これまでのマネジメントスタイルにも大きな変更を余儀なくされるでしょう。

もっとも影響を受けるのは、こわもてで部下を詰めて強引に動かし、無理矢理にでも数字をつくり出していたタイプ。悪く言えばパワハラに近いワーキングスタイルで、これまで実績を出してきた方々です。

個人的には、こういうスタイルはまったく好きではありません。しかし特に営業畑では、従来はそれなりに価値を認められてきたマネジメントスタイルでしょう。

無表情な顔つきで「この数字、来週、どうするのかな？　言わなくてもわかるよね」などと迫られれば、怖いので部下も動かざるを得ません。数字を叩き出していて、パワハラと認定されるラインを巧妙に超えないだけの悪賢さを兼ね備えているのであれば、会社としては「必要悪」として認めてきたところもあるはずです。

ところが組織の構成人員の多くがリモートで仕事をすることになると、そもそも面と向かって怒ったり、怒りの空気で部下に圧をかけたりすることができなくなります。リモートでも怒鳴ることはできますが（なんというテクノロジーの無駄遣い……）、やはり物理的な距離が離れていますから、従来のような強い恐怖感を部下に与えることはできないでしょう。また、そんなことをしたらメールやチャット、ビデオ会議ソフトウェアなどに、データとしてパワハラの証拠が残ってしまいます。

そのためこうしたパワハラスタイルは、これまでのような成果を上げることが早晩できなくなり、リモートワーク環境では絶滅していくはずです（……いや、むしろそんなマネジメントスタイルは、一秒でも早くとっとと絶滅してしまえばいいのではないでしょうか?)。

置き物タイプの上司は存在価値が蒸発する

……おっと。つい心の声が漏れ出してしまいましたが、そもそもそうしたこわもてタイプの管理職は、仕事内容を見える化し、割り振り、部下たちに言葉で説明することや、部下からの細かい相談を受けるといったことを、従来あまりしてこなかったはずです。

ところがリモートワーク環境では、そうした仕事の仕方こそが求められます。実際にしっかりやっている管理職は、部下の状況を把握してフォローすることに、現在とても忙しくしているはずです。

隣の席に声をかければすぐに返事がある環境ではなくなりますから、いまそれぞれのチームメンバーが何をすべきか、あらかじめ相互の仕事の分担を明確に行う必要が出てきます。また、それらの状況をリアルタイムにメンバー間で共有することも必要ですから、当然ながらそれぞれのメンバーが手がけている仕事の内容や、アウトプットが可視化されてきます。そうした状況では、パワハラタイプのワーキングスタイルはまったく通用しません。

また、そこまでではなくとも、これまで仕事の内容を一つひとつ具体的に可視化し、改善してこなかった管理職は、「あれ、そういえば課長って、いま何やってるんだっけ?」となりかねません。存在意義が蒸発してしまうのです。

もともと伝統的な日本企業では、マネジメント層は職位が上がれば上がるほど、社内の利害関係を調整することが仕事となっていきました。

細かい業務内容にはタッチせず、かといって欧米風に担当部署の数字に完全な責任を負うわけでもなく、「権威の重し」として、その役職、その座席にいることそのものが重視されてきました。

リモートワークで社員の多くがオフィスに来なくなると、こういうタイプの管理職は完全に空気か置き物のようなものになってしまいます。中身はわからないけれど、ただ偉い人です。はっきり言ってしまえば、こういう人には、もう使い道がなくなり

ます。

AI（人工知能）上司に置き換えられる

もしあなたが、ここで例に挙げたようなパワハラタイプや置き物タイプの上司なのであれば、今後もこれまでのままでは、現在の地位を維持することすら危ういでしょう。

なかには、部下が情報共有できる環境下で仕事を可視化して、しっかりやっているときに、リアルでの報告がないからと「そんな話、俺は聞いていない！」などと言って逆上する上司も出るでしょう。

ただこれも、上司側が根本的に勘違い

しています。その上司が、環境に適応できていないだけなのです。「使い道のない上司」ならまだしも、会社のビジネスを阻害する人にはならないようにしましょう。

リモートワークでは、チームのメンバー同士で分担したり、協業したりして、目に見える成果を出すことが大事になります。そうした新しい環境に適応するマネジメントスタイルは、部下にコーチングや適切なフィードバックを行い、モチベーションを引き上げて目標達成していくといった、コミュニケーションを重視したスタイルです。また自分自身が組織を支え、新たなことにチャレンジして解決していく心がけも求められます。

上司として生き残りたいのであれば、環境の激変に合わせたこうした変化・進化をする必要があると認識してください。

仕事内容が明確になり、判断基準も可視化できるテレワークでは、管理職の仕事もデジタル化します。つまり、数値や文字といったデジタルデータに変換できるようになります。コンピュータ処理が容易になるため、場合によっては「ＡＩ上司」に置き換えられる可能性も出てくるでしょう。

人事やマネジメントをＡＩがすると言うと、まだまだ荒唐無稽に聞こえるかもしれませんが、変な情実人事をされるより公平だと、近年は猛烈な勢いで技術開発が進んでいる分野です。

近未来にＡＩ上司に置き換えられてリストラされないよう、上司こそがリモートワークでの新しい仕事の進め方やマネジメント方法を習得していく必要があるのです。

POINT

リモートワーク時代における上司には、コーチングや目標管理、適切なフィードバックなどのコミュニケーションスキルが求められる。

Step 04

会社の垣根を越えた協業がしやすくなる

オンラインでは所属の感覚が薄くなりやすい

リモートワークでは「会社の垣根が低くなりやすい」ことも意識しておきましょう。

テレワークでは大企業の社員も中小企業の社員も、おおよそ同じ方法でコミュニケーションを取ります。パソコンのカメラとディスプレイ、それにマイクとスピーカー、加えてスマートフォンや電子メール、社内SNSアプリ、グループウェアなどを通じたオンラインコミュニケーションです。

ファックスは……もう時代遅れですね（いまだにファックスが生き残っている先進国は日本だけです）。

大手企業によくある巨大なビルのおしゃれな受付もなければ、豪華な会議室もありません。また、今日はカフェで打ち合わせというような場面もそうそうありません。所属する組織の大小にかかわらず、自分の端末のモニタに描き出される顔があるだけです。しかも、ときには6分割や8分割されています。

こういう環境で、特に自社・他社を含めた複数人でのビデオ会議を何度もしていると、そのうちにちょっと不思議な感覚を覚えるようになります。

「あれ、今回の参加者のうち、自社の社員は誰と誰だったっけ？」という感覚です。

もちろんよく知っている同僚についてはこういう感覚はまず起きませんが、ふだんからあまり絡んでいない同僚だったりすると、分割された場面での配置がランダムなことから、所属がわからなくなることがよくあるのです。

画面には自社の社員もいれば、お客様企業の社員もいる。協力会社や下請け企業の知らない人がいることもある――そういう状況でも、とにかく仕事を進めていかないといけないといった状況では、所属がどうこうよりも、個人と個人の関係性で仕事を進める感覚が生じやすいのです。

人材教育の手法も様変わり

このような感覚は、ビデオ会議を使った社外研修への参加でもよく起こります。最近では自学形式のEラーニングだけでなく、外部の研修へビデオ会議を通じて参加する人材教育が盛んに行われています。特に入社直後から出社もままならなかった2020年の新卒社員では、この方法が多く利用されていました。その実績を受けて、一般社員や管理職の人材教育にも利用が広がっています。

お昼までは自社の社員とモニタ越しにミーティングをしていたけれど、午後からは接続先を切り替えて外部研修につなぎ、いろいろな会社の参加者とともに受けるマナー研修に参加する、といった具合です。

自宅にいながら、このように会社の境目を無視して空間を飛び越えられる状況が続くと、必然的にひとつの会社に所属している自覚が薄まってきます。

これは会社で人材管理をする側からすると、自社への帰属意識が薄まり、離職率が上がるなど困った結果にもつながりがちです。

しかし一方では、会社の垣根を超えたオープンな協業や、人材教育を行えるという前向きな変化にもなりえます。

オープンイノベーションが盛んになる

たとえばIBMでは、2000年代に入ったころから「オープンイノベーション」を重視していました。まさに会社の垣根を超えて、さまざまな英知を集めていくような取り組みです。

籍はIBMに置いていても、外部のコミュニティ活動やプロジェクトに参加することが推奨され（もちろん守秘義務などはあります）、逆に外部の人の知識や経験を取り込むことも積極的に行われました。

そうした取り組みは、実際にさまざまな分野で成果となって表れていきました。現在のIBMを代表する先進的なプロダクトには、そうしたオープンイノベーションの成果が利用されているものが多いのです。

日本企業は従来、このようなオープンイノベーションを苦手にしてきましたが、リモートワークが当たり前になる今後は、積極的に活用するようになっていくはずです。

また人材教育に関しても、今後はビデオ会議を通じた外部研修への参加がより盛んになり、会社への帰属意識を背景にした〝阿吽《あうん》の呼吸〟を求める教育ではなく、よりオープンで客観的な、相手に具体的に説明しながら教育していく手法が増えていくのではないかと、個人的には考えています。

POINT

オープンイノベーションの取り組みや、新しい形での人材育成が盛んになる。

Step 05

プロセスではなく結果がすべての世界に

メンバーシップ型雇用がジョブ型雇用に？

リモートワークが当たり前になった時代には、これまでの非効率的な商習慣が見直され、職場の人間関係はドライになり、上司の役割が変化します。

そのような状況では、必然的に「タスクの成果」、つまりは結果だけで評価される労働環境に変わっていくでしょう。

あなたががんばって仕事をしていることを、リモート環境では上司は把握できません。上司はあなたのふだんの仕事ぶりを見ることができませんから、あらかじめ相談して割り振られたタスクを達成できているかどうか、その結果だけで評価を下すしかなくなります。

これはどんなにがんばったとしても、結果が出ないとダメだという話ですから、非常にプロフェッショナルな世界になるわけです。プロのアスリートと同じで、公平ですが厳しい世界に変わります。

働く人へのアンケート調査などが行われると、いまはまだ多くの人が「満員電車に乗らなくて済むようになるので」といった安易な理由で、今後もテレワークやリモートワークを続けたい、と答えています。調査にもよりますが、おおよその調査でも過半数の方がそのように答えているようです。

しかし今後リモートワーク体制が本格化する中で、こうした結果オンリーでの評価が大々的に導入されてくると、「やっぱり毎日出社して、これまでどおりの仕事のやり方を続けたい！」と意見を変える人が続出するだろうと私は考えています。

多くの日本企業にとって、この評価の問題はそれくらい破壊的な変化だからです。

従来ほとんどの日本企業では、一部の専門的な業種を除けば、メンバーシップ型の雇用を行い、プロセスと結果を両方見るような評価制度を採用してきました。

専門性を重視しない一般職採用で、結果も見るには見ますが、「今月は結果が出なかったが、あいつはがんばっているからな」などとプロセスも見てくれたわけです。ある意味では、ぬるま湯的な評価体制でした。

率直に言って、リモートワークはこうした雇用体制や評価制度とはあまり相性がよくありません。むしろ欧米や、日本でも一部の専門職にはすでに導入されている「ジョブ型」の雇用や評価制度とベストマッチします。

会社のメンバーとしての雇用ではなく、ある職務（ジョブ）に対するプロフェッショナルとしての雇用で、出した成果・結果によってのみ評価される――リモートワークが当たり前になる世界とは、必然的にそうしたジョブ型の雇用や評価制度が当たり前になった世界でもあるはずです。

私のようなＩＴエンジニアは、もともと国内でもそうした採用形態がとられることが多くありました。ほかにも記者や編集者といったメディア関係者、研究者、プロのマネジメント職、各種の士業などは、そうしたジョブ型に近い雇用形態がとられてきました。

今後は一般のオフィスワーカーに関しても、リモート対応できる職種については、こうしたジョブ型雇用への転換が進んでいくのではないでしょうか。すでに一部の大企業にそうした動きがあると報道されていますし、日本政府ももともと「働き方改革」の名の下でジョブ型雇用への転換をずっと推進していました。

特に学生時代に専門性をしっかり身につけてこなかった人や、一から仕事を教わる必要のある若手社員は、今後はよりアウトプットを意識したスキル習得をしなければならないでしょう。

先輩の背中はリモート環境で見えませんし、隣りでやって見せてもくれません。

通常、スキルの習得には他人の仕事のプロセスや態度を見ることが重要なのですが、リモートワークではそれは困難です。代わりに、ふだんからよいアウトプットとはどのようなものを指すのか、意識する姿勢が大切になります。この「よいアウトプットのつくり方」は、今後は基本的に自分自身で身につけるしかないのです。

こうした変化は、働く側にすれば「それは、ちょっと困るよ！」と感じるものかもしれません。

しかし、**この変化はおそらく不可逆的**です。なぜなら従来のメンバーシップ型の雇用とプロセス評価では、リモートワークには対応できないからです。コロナショックとリモートワークの急激な導入で、働き方改革が否応なく一気に進む形になっていきます。

ただし、いきなり欧米型の超ドライなジョブ型雇用になるわけではなく、日本型雇用のよさも残した形で制度の修正が進んでいくはずです。

「モニタの中の冴えない自分」だけで勝負する覚悟を

こうした急激な変化に、私たちはどう対応すればいいのでしょうか？

……安心してください。

その方法は、本書内でこれからさまざまにお伝えしていきます。

また仕事の仕方がどのように変わったとしても、相手に対して誠実に、信頼を得られるようなコミュニケーションをして、実現可能な約束を交わし、ひとつずつそれを達成・報告していく――こうした仕事の基本は変わりません。

環境がリモートに変わったとしても仕事の本質は変わりませんから、愚直に、まっすぐに仕事に向き合っていけば、そうそう困ることにはならないはずです。

あえて言えば、結果を出し、できるだけ自ら発信・発言をして、自分の存在をアピールしていくことや、何か問題があるときにはその問題を速やかに報告することは、これまで以上に必要となります。

たとえ夜遅くまでがんばったとしても、リモートワークではそのがんばりは他者に見えません。何か事情があってタスクを達成できなかったとしても、それをきちんと報告しなければ上司には何もしていないように見えます。

このようにリモートワークには、物理的な距離を縮めてくれるという恩恵がある一方で、パソコンやスマホの画面を経由した不自由な世界での活動である、というデメリットもあります。

あえて言えば、リアルな職場での豊かなコミュニケーションとは比べものにならない「劣化版コミュニケーション」です。

だからこそ、意識的に相手のメッセージには必ず反応したり、笑ったり、雑談したりといった心がけが意外に重要となります。

リモートワーク時代のルールに素早く順応し、「見えない人」「何をしているかわからない人」にならないことを意識しましょう。

さらには、リモートワークとこれまでのオフィスでの仕事では、使える武器が異なることにも注意しておきます。

リモートワークでは、会社のオフィスほどには仕事をするための環境が整備されていません。プリンターなども制限されますし、利用できるソフトウェアなどもセキュ

リティや権利の関係で限られるでしょう。家族やペットが同じ空間にいることも多いため、職務に集中できる環境を自分で整える必要もあります。

オフィスでの仕事とリモートワークでは、総合格闘技と腕相撲くらいに使える武器（技）の数が変わるのです。会社側に、できるだけ使える武器（技）を増やしてもらえるようお願いすることも大切ですが、制約のある環境の中で「画面に映る冴えない自分」の力だけで十分な結果を出していくのだ、という意志や覚悟、あるいはある種のあきらめを持つことも必要となります。

ビデオ会議ではモニタに自分の顔も映りますが、その顔にうっとりする人はかなりの少数派でしょう。ところがその画面に映っている「冴えない自分」が、仕事相手のパソコンのモニタにも映っているわけです。

「自分のリアルはそんなものだ」と思うことがまず大切です。物理的には会わないケースが多い相手ですから、「画面に映る自分」がすべてだと割り切り、そこから全力でコミュニケーションを成立させていけばよいのです。

大変疲れますが、それこそが「ニューリアリティ」です。

そのためのノウハウを、次章以降さまざまな角度から紹介していきます。

POINT

長期的にはジョブ型雇用への移行が不可避。自分の力で勝ち抜いていく覚悟を持とう!

第2章

環境を整え、仕事相手を理解しよう

Step 06

まずは集中できる環境を可能な限りセットアップ

狭い家の中で家族と仕事――それ、あなたにはそもそも可能ですか？

在宅でリモートワークを行おうとする際、いちばんの難題になるのは日本の住宅事情です。当然ですが、全員が全員、好ましい環境でリモートワークができているわけではありません。

自宅でのリモートワークに最低限必要なのは、机と椅子、メモや筆記用具、そしてパソコン（業務内容によっては大型のタブレットやスマホなど）、さらにはインターネット接続環境でしょうか。インターネットは、できれば無線で接続できるWi-Fi環境が望ましいですね。

加えて多くの業務では、音声でのやり取りができる設備や環境も欠かせません。

本書を読んでいるような方なら、スマホは誰でも持っているでしょうし、パソコンやスマホにはビデオ会議やＩＰ通話ができる無料ソフトウェアをインストールできます。そのため、最低限の設備については問題ないはずです。多くの場合には会社側からのサポートもあるでしょう。

むしろ問題は、音声でのコミュニケーションが安心して行える環境を、用意できないケースが多いことです。

日本の住宅事情では、個人用の部屋や書斎が揃っている、という家庭は少ないはずです。独身の場合にはまだいいのですが、特に結婚している場合やその他パートナーなどと同居している場合に、さまざまな問題が出てきます。

狭い物件に住んでいる人であれば、同居者との生活空間の一部で仕事をすることになります。業務上のビデオ会議をするのも同居者の視線を気にしながら、ということになると、何よりやりづらいですし、機密保持などの観点から問題視されることもあります。

さらに小さなお子さんをお持ちの家庭では、そもそも在宅で仕事をすることが困難という場合が多々あります。赤ちゃんや幼児は大人の都合など考えてくれませんから、取引先との大事なビデオ会議に「ねぇ、あそぼー!!!」と子どもが乱入してくるなんてことも十分ありえます。実際にこうした子どもの乱入は世界中で頻発していて、YouTubeなどで探せばおもしろい動画をいくつも見つけられますし、テレビなどで紹介されることもよくありますね。

子どもの乱入くらいなら、取引先や上司、同僚などもお互い様と大目に見てくれますが、そもそも男の子二人が常時走り回っていてとても仕事ができないとか、解決困難な場合もあります。

夫婦の二人ともが在宅でリモートワークを行う場合も難題です。子どもが幼稚園/保育園や小学校などに通っている場合は、まだ家庭内での仕事用の場所取り合戦くらいですみますが、未就学児の場合には夫婦で役割分担やスケジュール配分をして、順番に1時間ずつ子どもの世話をするなど、だましだまし仕事を進めることになります。

加えて、子守りだけでなく日常的な家事もあります。

オフィスに勤務していたときには昼間の家事を免除されていた人でも、「どうせ家にいるのなら、少しは手伝って」と頼まれることは少なくありません。

その後の家庭の平和を考えれば、「仕事に集中したいから」とこうした家事の手伝いのお願いを全部断ることなんて、とてもできません（そうすべきでもありません！）。

またどんなに仲がよくても、以前は1日のうち多くの時間を別々に生活していた家族が、四六時中一緒にいるようになれば、お互いのちょっとした言動にイライラしてストレスを募らせることも増えていきます。

これはある意味避けがたいことなので、ストレスを感じていることを素直に認めて、適宜、解消するようにしましょう。そうしなければ、それこそ「コロナ離婚」のようなことになってしまいかねません（コロナの自粛期間中は、家庭内暴力が顕著に増えたとも言われています）。

家族での役割分担をしっかり話し合う必要がある

結論から述べておくと、こうした家庭ごとの物理的なワーキングスペースの問題を、スパッときれいに解決してくれる劇的な方法はありません。

それぞれの家庭にそれぞれの事情があり、問題の内容もさまざまです。そのため、結局は家族でよく話し合い、役割分担やスケジュールの調整をして、自分たちに合った仕事の仕方を試行錯誤していくしかありません。

たとえばちょっと極端ですが、在宅で音の漏れない仕事用のスペースを確保する方法として、パーテーションを自作して、生活空間の中に業務用のスペースを無理やりつくり出す方法も考えられます。

パーテーションの材料は100均で入手できるダンボールや発泡ボードなどで十分。机の回りに設置したうえで、ホームセンターでカーテンレールと安い布を買ってきて出入り口に設置すれば、ちょっとした個人用業務スペースの出来上がりです。

さらにノイズキャンセリング機能がついたイヤホンと指向性マイク、あるいはそれ

らがセットになったヘッドセットなどを追加すれば、ビデオ会議も問題なくできますし、しっかり集中して仕事ができる環境が誕生するでしょう。

クローゼットや納戸スペースなどを利用することも考えられます。

ただし、同じ家の中に家族がいる場合には、この個人用業務スペースに入っているあいだは家族とのコミュニケーションを拒絶することになりますから、事前に話し合って「何時から何時まで」などと了解をとっておく必要があります。

あるいは、どうしても自宅内での業務が難しいのであれば、最寄りのシェアオフィスで仕事をする方法もあります。

ノート型のパソコンでこなせる業務で、Wi-Fiなどでインターネットに接続できるのであれば、この方法がもっとも手っ取り早いかもしれません。

業務での外部スペースやシェアオフィスの利用について、必要な費用を経費として認めてくれる会社も増えていますから、事前に上司や経理担当者に相談しておくといいでしょう。

特にシェアオフィスに関しては、需要の高まりに応じて郊外にも広く設置されるようになっています。グーグルなどの検索サイトで探せば、最寄りの施設が見つけられるはずです。会社が契約することで自由に利用できるようになる場合もありますので、こちらについても自社の担当部署に相談してみましょう。

なお、外部のスペースを利用する際はセキュリティ上の問題が生じますので、オープンなWi-Fiではなく、セキュリティ保護ができる個人のWi-Fiでアクセスすることも必要です。パソコンをテーブルに置いたままトイレに行くことにも盗難のリスクがありますから、トイレに行くときにはパソコンをカバンに入れて持っていくくらいのセキュリティ意識が求められます。

音声コミュニケーションが必要なときには、マイク付きのヘッドセットがここでも役立ちますが、周囲からは奇異に見られることもあります。TPOに合わせて、周囲に迷惑をかけないように工夫して利用してください。

場所に縛られずに仕事ができるのもリモートワークの利点

さらに言えば、リモートワークでは自宅に限らずどこでも仕事ができるのですから、家族の了解をとったうえで、ビジネスホテルやウィークリーマンション、もっと移動して地方の滞在型施設を利用することなども考えられます。

特にパフォーマンスを上げている社員に対しては、そうした施設の利用費を経費として認める会社も、実際に増えてきています。

自分や自社にできる範囲でかまいませんから、リモートワークでの効率や生産性を上げるために、まずはこうした環境整備をしてみてください。

その際には、必ずしも自宅にこだわる必要はないこと。また、家族がいるならばワーキングスタイルについてしっかり話し合って、協力を求めるところは求め、自分も妥協すべきところは妥協し、ワークライフバランスに配慮しながら、どんな対応がよいのか試行錯誤していくことが大切です。

POINT

できる範囲で、自宅などに仕事ができる環境をつくり出すことがリモートワークの第一歩。家族との話し合いも忘れずに！

Step 07

言動を観察し、リアルより「相手を理解しようとする」こと

オフィスでは必要以上の言葉はいらなかった

リアルなオフィスで働いているときも、リモートで働いているときも、私たちは同僚や上司、部下、取引先、お客様といった人たちのことを、必ずしも深いところまで理解しているわけではありません。

別に友達同士というわけではなく、会社という生活の糧《かて》を得たり自己実現をしたりするための場所で、偶然チームになったり、顧客と販売者という立場で関わったりしているだけです。ですから、それはそれでかまいません。

しかしリモートワークでは、仕事で関わる人と直接面と向かって会う機会が大きく減ります。「モニタに映る冴えない自分」だけで仕事を回していかなくてはなりません

から、リアルで仕事をしていたときよりも意識してコミュニケーションを密にしていかないと、思わぬ誤解や行き違いが増えやすい、という特性があることは知っておきましょう。

リアルなオフィスでは、周囲を見回せば上司や同僚が何をしているのかは大体わかります。見てわからなければ「いまって忙しい？」などとちょっと声をかければ、同僚はいま何をしているのかすぐに答えてくれるでしょう。

交わす言葉も「これ、できるかな？」とか、「わかりました。そこに置いといてください」といった必要最小限の言葉ですみます。当事者同士ですから、それで十分伝わるのです。

何かちょっとした問題が起こっても、少し怪訝な顔をしたり、ときどき笑顔で挨拶したりといったノンバーバルなコミュニケーション（＝非言語コミュニケーション）をとれば、それだけでおおよその物事は支障なく回っていくはずです。

言い換えれば、リアルな職場では〝雰囲気〟で十分に仕事が回るのです。

過剰なくらいな配慮でちょうどいい

ところがリモートワークでは、まずノンバーバル・コミュニケーションが大幅に阻害されます。手に入る相手の情報は、モニタに映るのっぺりとした顔と上半身、それにパソコンのスピーカー性能に依存する音声情報だけです。

笑顔なのか、不満げな表情なのかくらいはわかりますし、大げさに表情をつくったり、ジェスチャーをしたりすればノンバーバルコミュニケーションもある程度はできます。しかしリアルに対面したときと比べれば、細かい情報は伝わらないであろうことは、容易に想像していただけるでしょう。

また、チャットや社内SNSアプリなどで行う文章でのコミュニケーションでは、実際に対面して行うコミュニケーションよりずっと少ない情報しか伝達できません。みなさんも、何気なく送ったメールの文面をあとから読み返してみたら、思っていたよりきつく読める文面になっていて慌てた、というような経験があるはずです。

チャットで送られた文字メッセージであれば、まずは必ず「いいね」を返すようにしましょう。それだけでも受け手が反応してくれたことがわかり、相手は安心します。

リモートでは、反応の有無がすべてなのです。

総じてリモート環境では、従来より意識してコミュニケーションをとり、相手を理解しようとしないと誤解や行き違いが生じます。「メールの文面は普段よりも丁寧に」「ジェスチャーや表情は豊かに」、そして「感謝やねぎらいの言葉を過剰なくらいに発信する」――リモートワークのコミュニケーションでは、それくらいで「リアルの普通」になる、という意識で仕事をすることがおすすめです。

相手に自分の常識を押し付けないこと！

その際には、いわゆる「ダイバーシティ」、すなわち人々の多様性を素直に認めることも重要です。

私がＩＢＭに勤めていたときは、同社はグローバル企業でしたから多国籍なチームで仕事をすることもごく普通にありました。

国籍も、宗教も、言葉も、文化も、そしてもちろん性別や考え方も異なること人たちが、同じ目的を達成するためのプロジェクトに参加します。参加形態も常時取り組む人から、アイデアを提供するだけの人、保守やプログラムの手直しをする人、別のプロジェクトと掛け持ちする人、外部の協力者などさまざまです。

こういうプロジェクトでは、「普通なら、こう考えるよね」という〝常識〟がまったく通用しません。こちらからは必要なポイントをしっかり明示し、また相手が何を考えているか、何をしてほしいかなども、まっさらな地点から「相手を理解しよう」という意識を持ってコミュニケーションを丁寧に繰り返し、意識や認識のズレを防ぎつつ伝える必要がありました。

リモートワークは、ある意味でそうしたグローバルな協業に似ています。

コミュニケーションの情報量が限られる中で、うまくチームで仕事を回していくには、「相手を理解しよう」という積極的な意識と、必要な情報を漏れなく、かつ明確に自分から発信していくことが必要だ、という点がそっくりなのです。

外国の人だけでなく、国内にだっていろいろ考え方や特性を持った多様な人たちがいます。リアルな職場では情報量が豊富なコミュニケーションができるので、そうした違いを意識しなくても仕事が回っていた面がありますが、リモートワークでは違いを意識的に理解し埋めるようにしていかないと、さまざまなトラブルが起こってくることが避けられません。

ここは本書の中でも最大のポイントのひとつです。

仕事相手に自分の理解を押し付けてレッテルを貼るのではなく、自分とは違う個人なのだと尊重し、相手のことを理解しようとすること。

生産性の高いリモートワーク、がんばりすぎずにストレスを感じないリモートワークをするためには、この意識がとても、とても大切になります。

POINT

リモート環境では、対面でのコミュニケーションよりも互いの意思が通じにくい。それを認識したうえで行動する。

Step 08

相手を4タイプに分けて考えると対応のヒントになる

ハーマンモデルなどの科学的手法を参考にした独自モデル

前項で、リモートワークでは「相手を理解しようとする」ことが欠かせないと説明しました。

その際には、**相手をいくつかのタイプに分けて考える**ことも役立ちます。

人間の性格や言動の傾向を何種類かに分けてパターン化すると言うと、さっき貼るなと言っていた「レッテル」を貼ることになるのではないか、と思う方もいるかもしれません。しかしそれは違います。

相手に自分の常識を押し付けてレッテルを貼るのと、相手の性格や考え方のクセを知ろうとして分析し、パターン分けするのは全然違う話です。

またそのようなパターン分けは、血液型分析みたいな科学的根拠がない俗信にすぎないのではないか、と考える方もいると思いますが、これについてもさまざまな心理学の研究によって、人の特性はごく限られたいくつかのパターンの組み合わせで、十分に分類・理解できる可能性が示されています。科学的根拠のある話なのです。

その分類法にもさまざまなものがあります。

たとえば「ビッグファイブ理論」と呼ばれる分類法では、人の性格（その人らしさ）を、「開放的か（Openness to Experience）」「誠実か（Conscentiousness）」「外向的か（Extraversion）」「協調的か（Agreeableness）」「神経質か（Neuroticism）」というたった5つの要素、それぞれの程度の組み合わせでかなりの部分が把握できるとしていて、特に広告やマーケティングの分野で実際に幅広く利用されています。

もっと親しみやすいものでは、たとえば精神科医の名越康文氏が監修したという

「類人猿分類診断」が最近は人気らしく、テレビなどでも取り上げられています。
人の性格タイプをチンパンジー、オランウータン、ボノボ、ゴリラという4タイプに分類する簡易的なものですが、きちんと心理学的な理論に基づいて開発されていて、実際に国内の大手企業でも採用して活用しているところがあるそうです。

私の場合は、IBMに在籍していたときに「ハーマンモデル」という思考パターンの分類法について手厚い教育を受けたため、その分類法を参考に、その他さまざまな手法の要素を組み合わせて、独自に簡易化したモデルを利用しています。
私は心理学の専門家というわけではないので、その分類に本当に科学的な根拠があるのかと問われれば、さほどのものはありません、と答えるしかないのですが、先人らの研究成果を元にしていますから、個人の仕事術として利用するには、十分に実践的なのではないかと考えています。

ちなみにハーマンモデル自体は、脳の機能を右脳、左脳という一般的な分類で分けたうえで、大脳系、辺縁系という分類も含めて4つにタイプ分けし、それぞれのメンバーが強く持つ要素やそれらの組み合わせを考慮しながらチームづくりをしたり、関係構築をしたりすることで、仕事のパフォーマンスを高めていくフレームワークです。

もともとは1980年代にアメリカで生まれた手法で、GEなどの有名企業でも採用されて成果が出ているそうです。日本でも、現在もいくつかの大手企業で採用されています。IBMでも2000年ごろからラインマネージャーを対象に活用していることが雑誌などで紹介されていて、実際に私もその教育を受けた、というわけです。

4つの性格タイプに分類しよう！

私の手法では、人を「エンジニア」「芸術家」「公務員」「世話焼き」という4つの性格タイプに分類します。

それぞれのタイプごとに、当てはまることが多い項目を次ページから例示していますので、そのときどきのコミュニケーションの相手について、どのタイプに該当項目が多いかを確認していけば、その人のタイプ判別ができます。

エンジニアタイプ

□数字を使って分析することが得意

□物事を論理的に考える

□フェイクニュースに騙されにくい

□権威に弱いところがある

□黙々と単純な作業をするのが苦にならない

□人とのコミュニケーションはちょっと苦手

□機械やパソコンに詳しい

芸術家タイプ

- □想像力が豊かでアイデアにあふれている
- □物事を大局的に考えられる
- □リスクを冒すのを恐れない
- □新しい物事をつくり出すのが好き
- □前後の文脈や前例をわきまえない「空気を読まない」発言をよくする
- □新製品や食べたことのない食品でも、ためらわずに試すことが多い

公務員タイプ

- □定まった仕事をきっちりするのが好き
- □仕事でもプライベートでも計画を立てるのが得意
- □黙々と単純な作業をするのが苦にならない
- □堅実な生き方をしたいと思っている
- □デスクや私室は整理整頓されている
- □組織のルールを破る人にムッとする
- □自分の順番があとでも我慢できる

世話焼きタイプ

□人間関係を重視する

□チームでの仕事が得意

□感情に流されやすい一面がある

□宴会や大人数でのイベントに参加するのが好き

□親しみやすい性格

□他人への気遣いができる

□おしゃべりは嫌いじゃない

当面の仕事をうまく回していければいいだけなので、精密に判断する必要はありません。このタイプじゃないかな、と当たりをつけながら対応していく程度で十分です。

☑ 自分自身の分類にも使える

ちなみに、この分類は自分自身にも適応できます。

自分自身のタイプを厳密に把握したいときには、自己評価と他者評価はズレることが多いので、身近な家族や同僚に分析してもらうほうがベターです。

とはいえ、リモートワークにおける最適な仕事の仕方を模索するためのタイプ分析なのであれば、自分の納得感こそが重要です。この場合には、自分自身によるタイプ分けのほうがよいでしょう。

この辺りについては、次章以降でも詳しく解説していきます。

☑ 性格タイプはひとつだけとは限らない

仕事相手の分析も、自分自身の分析も、必ずしもひとつのタイプには絞れないことが多くあります。

それはそれで、その人はどちらの要素も持っているものだと理解してください。むしろ、そのように複数の要素を持っている人のほうが多いはずです。

エンジニアタイプと公務員タイプにはできるだけ仕事を任せる

タイプ分析の結果、仕事相手の性格タイプが「エンジニア」か「公務員」だった場合、あるいはそれらの要素が強く感じられる場合には、リモートで仕事をする際、できるだけ細部を相手に任せるようにするとうまくいきます。

どちらのタイプも、人が見てないところでも黙々と、自分の仕事をこなしていくタイプだからです。

また、どちらかと言うと保守的な仕事の仕方を好みますから、リモートワークであっても毎日、決まった時間にビデオ会議を入れるなど、一定の仕事のリズムをこちら側でつくってあげたり、先方のすでにあるリズムを尊重してあげたりすると、スムーズに仕事を回していけるでしょう。

芸術家タイプは放任しつつ、定期的に結果だけは確認する

仕事相手が「芸術家」タイプであったり、その要素が強そうな場合には、逆に一定のリズムでの仕事に組み込もうとすると、相手が抵抗する場合が多くなります。

芸術家タイプは天才肌で、必要以上に縛られることを嫌うからです。

働く際の仕組みや法律の問題もあるので、すべての人に適応できるわけではありませんが、リモートワークなのですから勤務時間で厳しく管理するようなことはできるだけ避け、原則としては放任状態できっちりと成果だけはあげてもらう、という対処をすると、スムーズに仕事が回るでしょう。

発想力が豊かなので、新しいアイデアを必要とする企画や提案業務などを割り振ると、期待以上の働きをしてくれるかもしれません。

世話焼きタイプには調整を担当させるとよい

最後に、仕事相手が「世話焼き」タイプ、あるいはその要素が強い場合には、できるだけチームでの仕事に組み込むようにするといいでしょう。

グループウェアや社内ＳＮＳアプリでのコミュニケーションを密にし、チームメンバーの業務内容の配分調整やクレーム処理、マーケティングなど、人対人の要素が強い仕事を割り振ると、リモート環境であっても大いに力を発揮してくれるはずです。

このように相手の性格タイプに合わせて仕事の頼み方やチームへの組み込み方を変えていくことで、より効率よく、かつお互いにストレスなくリモートワークを行えるようになります。

次章以降、自分自身の性格タイプ別のおすすめリモート仕事術もたくさん紹介していきますから、こうした性格のタイプ分析にぜひ親しんでみてください。

POINT

相手の性格タイプを分類できれば、望ましい仕事の任せ方もおおよそわかる。

Step 09

リモートワークでの新規開拓は人気のユーチューバーに学べ！

オンラインセールスでいまもっとも競争が激しい分野

リモートワークだけではなかなか達成が難しい業務に、新しいお客様を開拓するなどの新規営業の仕事があります。ここでは、そうしたオンラインでの新規営業の仕事についても少し触れておきます。

従来の面と向かっての新規営業では、さまざまな手段でまずアポイントメントを獲得して、直接お会いして相手の反応を見ながら資料を見せて、セールストークをし、クロージングして契約に持ち込む、という業務フローがありました。リモートワークでは、これらのほとんどを直接会わずに行わなければなりません。

これまでとはまったく異なるノウハウが求められますから、リモートではなかなか成果を出せなくて、頭を抱えている営業職の方も多いはずです。

今後の新しいリモートでの営業手法、マーケティング手法などについて模索していく際、ぜひ参考にしたいのが人気のユーチューバーの手法です。

リモートでの新規営業は、双方向のノンバーバルコミュニケーションがしづらいビデオ画像を通じて行うという点で、ユーチューバーが動画の継続視聴のためのチャンネル登録をしてもらう活動に似ているからです。

一般にユーチューブなどの動画では、ごく限られた時間で自己紹介をし、継続視聴などのメリットを短く印象的に伝え、次の視聴へつなげなければならないとされています。これは、ビジネスでの新規営業などでもまったく同じです。

獲得したアポイントメントの短い制限時間のうちに、自分たちの価値を初対面の相手に正しく伝え、「また次も聞かせてほしい」とどうやってお客様に言わせるか、そこを工夫していきます。

いま、この点で最先端の取り組みを日々続けているのが、ユーチューバーなどの動画配信者です。

たとえば本書の執筆時点では、YouTubeの動画配信業界にテレビなどですでに知名度を上げた芸能人が大挙して流入しており、既存のユーチューバーとの激しい競争が繰り広げられています。

そうした激しい競争を生き抜いていて、かつ評価が高い、つまり実際にマーケティングで成果を上げているユーチューバーの動画を見てその手法を研究すると、リモート環境での新規営業についても大いに参考になるのです。

具体的には、ビジネス系のユーチューバーであれば私は最近、次のお二方の動画に注目しています。

■マナブさん　https://www.youtube.com/c/manabuch?sub_confirmation=1
■高橋ダンさん　https://www.youtube.com/channel/UCFXl12dZUPs7MLy_dMkMZYw

彼らの動画を研究していると、以下のような工夫をごく短い時間の中に詰め込んでいるのがよくわかります。

■定形に近いコンパクトな形ながら、毎回、自己紹介を入れることで新規の視聴者を上手に取り込んでいる
■自分の動画を見ることで何が得られるのか、視聴者目線で毎回しつこく説明する

■説明の章立てを最初に示すことで、視聴者に飽きさせず、同時に先への期待を持たせている

こうしたやり方を、リモートワークのセールストークなどでも援用すればいいわけです。

それと、これは当たり前のことですが、営業では、初めてのお客様にはビデオ会議でもスーツ着用が基本です。在宅だからとカジュアルな服装で初めてのお客様にお会いするのは、相手には失礼に感じられることが多いことを、きちんと認識しておきましょう。

大手コンサル企業の営業パーソンも同じことを強調していた

私がＩＢＭに勤めていたころ、大手のコンサルティング会社、ＰｗＣコンサルティングとＩＢＭで、コンサルティング部門を統合するという話がありました。

実際にそれまでＰｗＣでコンサルタントをしていたメンバーが、ＩＢＭに参加してきて打ち合わせをしたことがあったのですが、そのとき新規開拓について、彼らが「お客様に会うことができたときは、その時間をどれだけ有効に使うかがとても大事なんだ」と強調していたことが印象的で、いまでも心に残っています。

ＰｗＣコンサルティングと言えば、最大手の一角を占める超優秀なコンサルタント会社です。そのメンバーですら、新規開拓では短い時間のうちでしっかりと顧客に印象を残し、価値提示をすることが大切だと言って、実際にさまざまな工夫をしていました。

リモートワークでも、リアルでも、大事なことは変わらないというわけです。

POINT

リモート営業の手本はYoutubeにあり。人気のある配信者の動画で、自分に合った手法を研究しよう！

第3章

個性に合わせた働き方でがんばりすぎずに生産性を引き上げる

Step 10

自分の性格タイプを把握し適した方法でリモートワーク

性格パターンに応じたワーキングスタイルを導入する

前章で紹介したように、人は何パターンかの性格タイプに分類することが可能です。その分類法にはさまざまなものがありますが、本書では私が独自に提案する「エンジニア」「芸術家」「公務員」「世話焼き」という4つのタイプ分けを採用しています。

仕事で接する人をこの手法でタイプ分けし、それぞれへの対処法を変えることで、よりスムーズに仕事が回るようになることを説明しました。

そして、この手法は自分がリモートワークをしようとするときにも有効です。自分の性格タイプに適したワークングスタイルをとれば、過剰なストレスを感じることなく、リモート環境での生産性を引き上げていけます。

本章では、そうした性格タイプごとのおすすめの仕事術を多数紹介していきますので、ぜひ参考にしてください。

なおタイプ分けの方法は、原則として他者に対して行うときのものと同じです（↓80ページ参照）。

ほかの性格タイプへのおすすめ手法でも、気に入ったら取り入れて

なお、自分の性格タイプ以外のタイプにおすすめされた手法でも、仕事に役立つことはある、という点には注意しておいてください。

人間の性格には多様な要素が含まれて

いますから、そもそも4つだけの分類では完全にカバーすることなどできません。

自分にとってやりやすかったり、生産性アップに効果が出そうな手法があれば、自分のものとは異なる性格タイプにおすすめされたものであっても、積極的に取り入れていきましょう。そうすれば、さらに高い水準でのアウトプットを実現できる可能性があります。

POINT

自分の性格タイプも分析して、それぞれのタイプに合ったリモートワーク術で生産性を上げる。

「エンジニア」タイプに
おすすめの
リモートワークノウハウ ×5

Step 11

ひと固まりのタスクとして請け負うとグッとやりやすくなる

自分だけの裁量で最初から最後までやりたい人たち

エンジニアタイプの人は、一般に他人とあまり交わらず、黙々と自分の仕事をこなすことが得意です。そのためリモートワーク環境でも、総じてあまり困らずに仕事ができます。

本質的に、リモートワークが適している性格タイプだと言えるでしょう。

こういうタイプの人がリモート環境でさらに生産性を高めるには、担当する仕事を、できるだけ「ひと固まりのタスク」にするよう意識することがポイントです。

具体的には、ある商品についてお客様にアンケート調査をして統計的に購買傾向を分析する仕事とか、社内報の数ページを企画から最終データの作成まで担当するとか、あるいは既存のプログラムの修正をひとつの分野まとめて担当するなど、作業の量も多く少し骨が折れるけれど、自分の専門性を生かせば最初から最後までとおして担当できるような業務です。

またこうしたひと固まりの仕事・タスクでは、明確なアウトプットが求められます。上司などの依頼者から、仕事の成果について具体的な指示があるでしょう。

そこには、「XXの調査報告書を、いついつまでにA4レポート5枚以内で提出してください」というようにアウトプットが明確に示されているはず。リモートワークだからと言って、「ただ、そこにいてください」なんて仕事はありえません。

エンジニアタイプの人は、こうしたひと固まりの仕事を請け負い、ある程度は自らの裁量のもとで専門性を生かして黙々と作業を進め、期限までに求められたアウトプットを出す仕事が大好きです。

このような仕事を達成できたとき、自分の能力をフル活用している感覚を得られ、

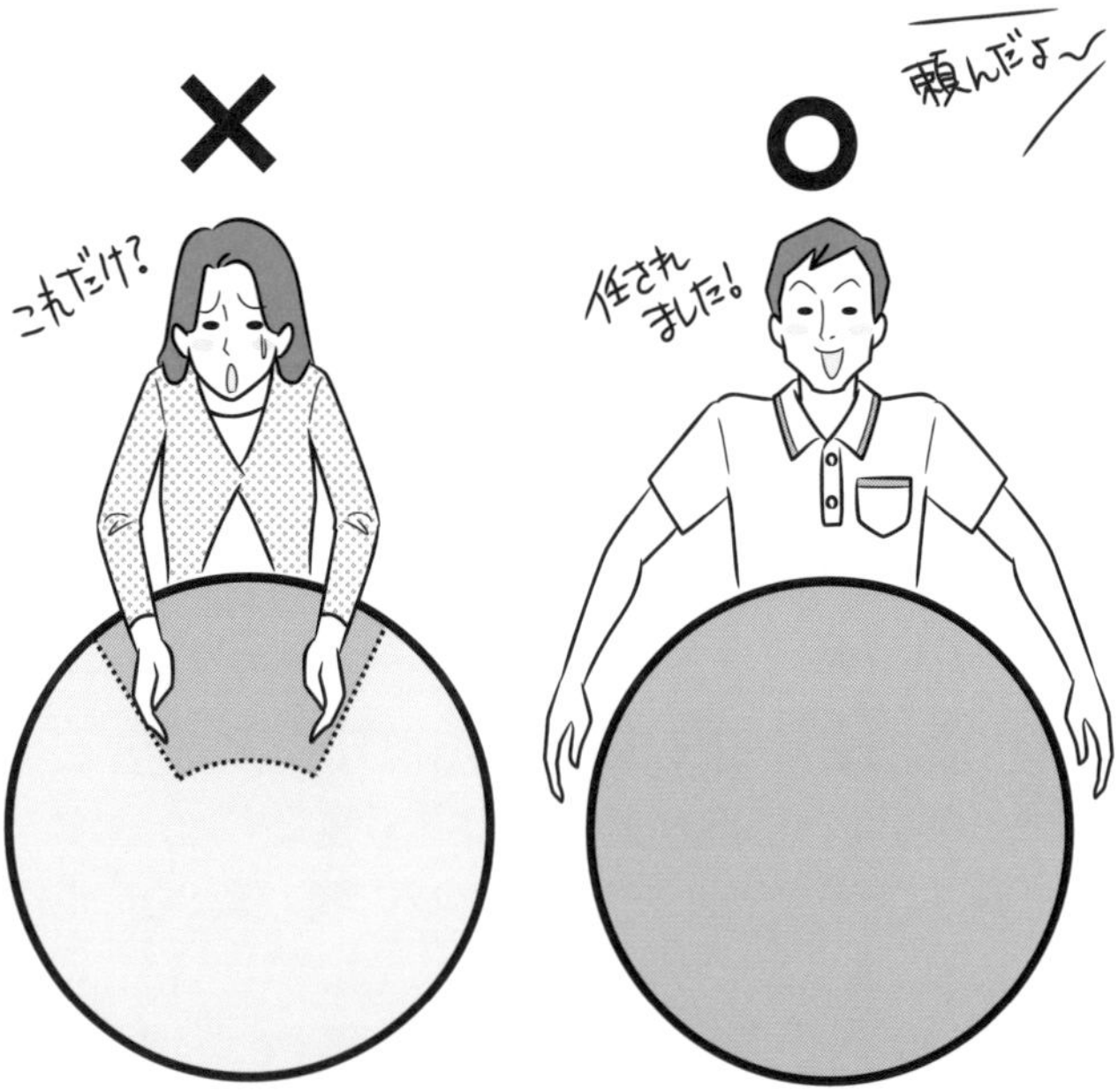

充実感ややりがいを感じる性格だからです。

頼む側も頼みやすい

リモートワークにおける業務分担をチームで話し合うとき、エンジニアタイプの人はまず、ある程度の量の業務を「ひと固まりのタスク」として請け負えないか上司に交渉してみましょう。最初から最後まで、自分だけが責任を持って担当するような業務です。

このように意識すると、もともとリモートワークに適性のあるエンジニアタイプの人は、さらに充実した形で仕事を行えるようになります。

リモート環境では、進捗状況を細かく確認する手間を煩雑に感じやすいものです。業務を発注する上司やお客様の側からしても、ひと固まりのタスクとして分担してもらえるのであれば、リモートで依頼しやすいという面もあります。

POINT

エンジニアタイプの人は、大きな仕事の一部分だけを分担して作業するより、ある程度の範囲を全部自分で担当すると、ストレスなくリモートワークできる。

Step 12

あえてシングルタスクに徹する

「できる人」だが、安請け合いしすぎると擦り切れる

エンジニアタイプは、専門的な知識や能力を生かして、ひとりで仕事を深められる人たちです。そうすることに喜びを感じます。

そうなると、社内でも「あなたにお願いしたい」という依頼が多くなってきます。〝仕事のできる人〟だから、「あの人に頼めば何とかなる」といった評判が立って、どんどん仕事が増えて忙しくなりがちなのです。

請ける側としても、新しい経験になるとか、同僚に喜んでもらえるなどのメリットがあると、つい安請け合いしてしまいます。リモートワークでは通勤時間や打ち合わせへの移動時間などがない分、作業にあてられる時間が拡大しますから、仕事の密度

を上げれば多少の業務量増大には対応できてしまう、という点も安請け合いを助長します。リモートワークで残業が増えたという人は、このタイプが多いのではないでしょうか？

ところがそういうことをしていると、往々にして非常につらい状況が発生します。仕事ができる人と、仕事のできない人の仕事量の差が、時間の経過とともにどんどん大きくなってしまうのです。

社内のことなので料金を吊り上げるわけにもいきません。最後には馬鹿らしくなって、できる人から順番に会社を辞めてしまう、なんて事態にまで至ることもあります。

リアルな職場では、そうしたことにならないよう上司が業務量のコントロールをしていました。しかし、リモートワークでは上司のチェックが甘くなりがち。

さらに誰でも相手に直接メッセージを送れますから、同僚や取引先から、上司を経由せずにひっきりなしにビデオ会議の招待状が送られてくる、なんて場合もあります。

「一度にひとつずつ」が鉄則

エンジニアタイプの方はリモート環境でこうした状況に陥りやすいので、常にシングルタスクで仕事をするように意識すると、問題の発生を防げますし、よりスムーズにチームが回るようになります。

つまり、いま手がけている仕事以外の業務リクエストがあり、それを受け付ける場合には、必ず、いま手がけている仕事が終わってから取り組む日程を組みます。複数の業務を同時に進行させることは避けるのです。

また自分の作業日程を組む主導権を相手に渡さないようにし、同時作業や過剰作業を押し付けられることを防ぎましょう。

自分の判断で勝手に安請け合いすることもやめ、業務を依頼されたときには、よほど些細なもの以外は必ず上司に相談するようにします（独断での安請け合いには、たとえ社内の業務であっても会社の指揮命令系統に混乱をきたす、という弊害もあります）。

ビデオ会議についても、多忙になってきたら重要ではない会議への参加はできるだけ少なくしていくことが必要です。

チームの定例のミーティングなどは重要な場合もありますが、ただの報告の場になっているようなら、報告書の共有などで済ませられるよう上司に相談してみましょう。

〝受け身の会議〟は、リモート環境であっても参加者の時間ばかり使う非生産的なものなので、より能動的に参加できる議論中心のビデオ会議に限るべきなのです。

ビデオ会議以外にも、何のために出しているのかわからない報告者や日報など、省略できる業務や書式はどんどん省略し、より生産的な業務の時間を増やすようにしてください。

エンジニアタイプの方本人にとっても、このようにしたほうがストレスなく、目の前の大事な仕事に集中できるはずです。自分だけでは調整できない場合には、直属の上司とよく話し合って、力を貸してもらうようにしましょう。

複雑な業務を単純化するちょっとした工夫

ひと固まりのタスクに能動的に取り組む際、余計な業務を同時にこなさなければならないようだと、エンジニアタイプの人はうまく仕事に集中できません。2つ以上のことに同時に意識を集中させるのが苦手だからです。

逆にタスクを1つに限定してあげれば、そこに意識を集中させて、短期間で正確に成果を上げられるのがこのタイプの人の特長でもあります。いわゆる「シングルタスクの効用」が現れやすい性格なのです。

こうした特性を活かし、シングルタスクを徹底するには以下のようなちょっとした工夫も有効ですから、自分に合うかどうか試してみてはいかがでしょうか？

☑デスクトップを整理整頓

リモートで仕事をする机の上や、パソコンのデスクトップ画面は、しっかりと整理整頓しておきましょう。安請け合いした仕事で頭の中が混乱し、何がどうなっているのかワケがわからなくなる事態を避けられます。

当面の仕事に必要なものだけを分類して残す。あるいはデスクトップには何も置かないというくらいがよいでしょう。

意識が目の前の業務にだけ集中するようになり、心理的にもスッキリするはずです。

☑パソコンやスマホのポップアップを停止する

パソコンやスマホをネットにつないでいると、さまざまなアプリから常時通知が届きます。グループウェアや社内SNSアプリなどでは強制的にチャット画面がポップアップすることもあります。

これらの強制的な通知やポップアップは、それぞれのアプリの設定画面で、多くの場合は出ないようにできます。可能な範囲で、オフに設定してしまいましょう。

本当に緊急でチャットしなければならないような業務は、実際には多くないはずです。毎日数回の定期的なメール確認や、場合によっては電話での連絡でも十分間に合うはず。それなのに、強制の通知やポップアップが出ると、どうしてもそれを見てしまいます。

その瞬間に集中が途切れてしまいますし、用事を済ませたあとに再度、業務に集中するのにも努力が必要になります。

効率のよい仕事をするためにも、余計なポップアップや通知の設定は切っておきましょう。

☑ アウトプット期限が一番近い仕事に集中してひとつずつこなす

こまごまとした業務がどうしても入ってきてシングルタスクにできないときには、

それぞれの業務のアウトプットの期限に注目します。

そして、もっとも期限が近づいている仕事から優先的にこなしていきましょう。

1時間後には終わらせないといけない業務があるなら、まずはその仕事だけに集中。それが終わったら、初めて次の仕事に取り組みます。

エンジニアタイプの方にとっては、このような「いまはそれしかやらない」姿勢が、リモートワークでのパフォーマンスを最大限に高めることにつながります。

POINT

細かい雑務に押し流されて混乱してしまったら、整理整頓をしたうえで、期限が迫っている仕事から順番にこなしていこう！

Step 13

バトンを渡す相手の笑顔をイメージし、もうひと言かける

エンジニアタイプはコミュニケーションがちょっと苦手

エンジニアタイプはプロフェッショナルであり、スポーツでたとえれば1人で競技に向き合う陸上選手のような存在です。そのため、リモート環境でも比較的無理なく成果を出せるのですが、ややもすると自分の世界ですべてが完結してしまい、他者との没交渉で長期的には視野が狭い人になってしまう危険性があります。

ときどき高いスキルがあるのに、スキルがない人に対して冷たい感じになったり、見下してきたりする人がいますよね。「あの人は成果や業績は素晴らしいけど、人間的にはちょっとね……」とか、そんなふうに言われてしまう人たちです。

そういう人には、実はエンジニアタイプの方が結構います。せっかく実力があるの

に、もったいない話です。

一方でリモートワークでは、リアルに顔を合わせることが少ないため、ビデオ会議での振る舞いやメールの文面から冷たい態度が相手に伝わってしまうと、その後、その相手に悪い印象を持たれたままになることがよくあります。リアルな場での関係修復がしにくいことも、そうした人間関係の悪化に拍車をかけます。

結果、仕事上のアウトプットでは抜群の質を誇っているのに、没交渉でコミュニケーション不足なので同僚や取引先からの評価はそれほどでもない、という人材が出来上がってしまうことがときどきあるので要注意です。

リモートワークでは、エンジニアタイプの方は、人との関係性の構築に意識して積極的になる必要があると言えるでしょう。

仕事相手を思いやる練習をしよう

それには、正反対な性格タイプの人が日ごろとっている態度が参考になります。

「エンジニア」の正反対のタイプは、「世話焼き」タイプです。笑顔など常に豊かな表情をつくり、相手の気持ちや受け取り方を考えて上手にコミュニケーションします。仕事上のフォローや根回しも得意で、そもそも人が好き――それが世話焼きタイプです。

ただエンジニアタイプの人が急に、リモートワークで世話焼きタイプになれるかと言えば、それは無理でしょう。そこで、とりあえず仕事の相手に対しては、最後にメールなどで報告する際に意識してひと言、感謝の言葉を付け加えるようにしましょう。これくらいなら、エンジニアタイプの人にも簡単にできるはずです。

「今回、とても勉強になりました。いつもありがとうございます。」

これくらいで十分です。

とてもスキルフルで優秀なエンジニアタイプの人から、業務データの納品時にこんな言葉が添えられてきたらどうでしょう？　メッセージを受け取った相手は恐縮するとともに嬉しくもなって、「また、仕事をお願いしようかな……」などと思うはずです。

そしてこの感謝のひと言を書き加えるときには、脳内でその相手の笑顔をイメージしながら書くようにすると、さらに効果的です。

書いている文章自体は変わらなくても、相手への気持ちが文面にこもって、効果が高まるような気がするのは私だけではないはずです。

そのように他者を思いやる気持ちを持つことそのものが、コミュニケーションの練習と言うか、リモート環境での「コミュ力」のリハビリ的な意味合いも持ちます。

仕事における自分のバトン、つまりはタスクの成果を次の人に渡す際に、仕事相手のことをしっかり理解して、イメージしたうえで担当業務を手放すようにする。

そうすれば、エンジニアタイプの人も周囲の人に、人格的にも高い評価をしてもらえるようになるはずです(少なくとも、「あの人は仕事の実力はともかく、人格はね……」なんてことは言われなくなります)。

POINT

独りよがりにならないように、仕事を引き継ぐときに短い感謝のメッセージを添える。それだけでまったく違う。

Step 14

こまめに記録をつけて仕事のベロシティを上げる

自分のパフォーマンスの善し悪しや変化を把握しにくい

リモートワークでは同僚のアウトプットと自分のアウトプットをこまめに比べることができません。自分がアウトプットした量が他者と比べて多いのか少ないのか、またその品質やレベルが他者と比べて高いのか低いのか、客観的な評価を把握しづらいという特徴があります。

同様に、自分のパフォーマンスが以前と比べてよくなっているのか悪くなっているのかも、漫然と日々の業務に向き合っているだけだと判断しにくい面があります。

同僚などの他者目線での評価に触れる機会が少なくなるからです。

直属の上司は把握しているので、「これはすごいね」とか「今回はいまいちだったね」

などと言ってくれるでしょうが、細かいところまではわからないことも多いですし、多忙なときなどには評価を教えてくれないこともあります。

同僚にビデオ会議などを通じて毎回聞くわけにもいきませんから、リモート環境では長期的に、自分の業績評価に不安を感じるようになることがよくあるのです。

数字で成果を測定すれば、分析ができて不安もなくなる

こうした課題への一定の対応策として、リモートワークでは自らの仕事上のアウトプットについて、あらかじめ定量的な基準（＝数字で表せる基準）をいくつか決めておき、こまめに測定と記録を行うことをおすすめしています。

特に数字に強いエンジニアタイプの人には、この方法はベストマッチするはずです。

たとえば、自分の業務内容に合わせて「30分あたりパワーポイントの資料が何枚できたか」とか、「業務時間1時間あたり、何件のユーザー相談に対処したか」といった具体的な基準をまず決めます。

そうした定量的な基準を決めたうえで、毎日の仕事の中でその日のアウトプットを測定していくのです。

さらにエンジニアタイプの場合は、この際に結果をできるだけ細かく測定してみてください。仮に資料が1枚単位では仕上がらなくて、途中まで進んだ、という場合にも「0・7枚完了」といった具合にこまめに記録します（エンジニアタイプ以外の方は、ここまで細かく測定するとイヤになってしまう可能性がありますから、もう少し大雑把な測定でかまいません）。

そのようにリモート環境での自分のパフォーマンスをしばらく記録したら（1週間単位がおすすめです）、そのデータを単純な棒グラフなどに加工して、どういう要因で業務の生産性やスピードが上がるのか、逆にどういうときにそれらが下がるのか、自分で分析してみましょう。

前日にしっかり睡眠がとれたとか、家族との家事分担を工夫したなど生産性アップ

の要因がわかれば、同じことを繰り返すことで日々のリモートワークのスピードや生産性を一気に引き上げられます。

逆に、途中で急に別の仕事の話が入ってきたとか、前日の夜に飲みすぎたといったマイナス要因が明らかになれば、そうした要因を排除するように工夫できるようにもなります。

このように生産性の指標をいくつか設定したうえで、細かくそれらを引き上げて業務全体の効率やスピードを上げていくことを、システム開発の用語で「ベロシティを上げる」と言います。

他者と比較しての評価がしにくいリモートワーク環境では、こうした手法で、まずは自分の仕事上のパフォーマンスを客観的に把握していきましょう。自分なりにベロシティを上げていけば、少なくとも以前の自分よりは改善していることがわかり安心できますし、上司やマネジメント層からの評価が悪くなるようなこともないはずです。仕事が早くできるようになれば、その分、自分の自由時間を増やすこともできます。

POINT

いわゆるＫＰＩ（Key Peformance Indicater：重要業績指標）を自分なりに設定し、測定と振り返りのプロセスを繰り返して生産性を上げる。

Step 15

専門分野のコミュニティで自分の強みをさらに高める

社外の評価も知っておきたい

すでに何度か述べたように、エンジニアタイプの方はもともとリモートワークに対する適性があります。なんらかの専門性を持っていることが多いですし、仕事ができればできただけ評価されるので、リモートワークを楽しく感じることが多いでしょう。

ただし、すべてをひとりでこなすことが多くなるので、前々項でも述べたように「ひとりよがり」になってしまう懸念はあります。

ベロシティを上げる取り組みで自分自身のパフォーマンスは引き上げられますが、それで得られるのも結局は上司の評価、つまりは社内の評価だけです。

自社内での評価を得られていれば、とりあえず短期的な問題は生じないと言うことはできますが、中長期的には世間の技術やトレンドの変化に取り残されてしまう危険性が残ります。

そこでエンジニアタイプの方には、自身の専門性をさらに高めるために、専門分野に関連するさまざまなコミュニティに参加してみることをおすすめしています。

またその際には、自分の現在のレベルよりもさらに水準が高いコミュニティへ参加するよう意識してみましょう。

関連の学会に参加してみる

たとえば、もっとも専門的かつ学術的なコミュニティとして、それぞれの分野に存在している学会があります。学会活動などと言うと、大学の先生や企業の研究職くらいしか参加していないんじゃないかと思うかもしれませんが、ほとんどの学会は一般のビジネスパーソンも参加できますし、実際に参加している人も多数います。

私のようなコンピュータのエンジニアであれば、情報処理学会とか電気情報通信学会、人工知能学会など選択肢もたくさんあります。それらの学会で研究されている分野も多岐に渡ります。

理系的な学会のみならず、経理や財務、人事や法務といった文系的な分野にも数多くの学会がありますし、マーケティングなどのビジネス分野を専門にしている学会も多数あります。それらの学会では、実際のビジネスにおける問題意識をベースにして、日々どうやって課題解決していくか研究しているのです。

なお、個々の学会への加入方法はさまざまです。まずは興味のある分野について論文をネットで探し、いくつかの論文を読み込んだうえで事務局などにコンタクトすれば、詳しい加入方法について親切に教えてくれるでしょう。

学会はさすがに敷居が高いという場合には、企業の横のつながりをベースとした、業界内での人材育成や技術の研鑽を目的としたコミュニティがたくさんありますから、そうした集まりに参加してみるのもよいでしょう。

大手企業による特定のソフトウェアやサービスのユーザー会のようなものもあります。こうしたユーザー会に参加して、利用しているソフトウェアやサービスの細かい仕様や最新のアップデート内容、他社での利用実例などを知ることは、自らの技術をさらに引き上げ、仕事のベロシティを向上させる助けにもなります。

従来、ビジネスパーソンは多忙で、そうした外部の専門コミュニティの活動にはなかなか参加できませんでした。しかしリモートワークの時代になって、自宅からクリックひとつでビデオ会議に参加できる学会やその他コミュニティが増えています。リモート体制であれば業務時間の調整もしやすいため、リアルな勉強会などにも参加しやすくなったという人が少なくありません。労働環境の変化をチャンスとして活用し、外部の専門的なコミュニティへの参加に、ぜひともチャレンジしてみてください。

専門分野の資格取得を目標にする

さらに言えば、自身の専門性をもう一段高めるために、自分の専門分野における資格の取得を目指すこともおすすめです。自身のレベルに合わせて、いまよりひとつ上のレベルの資格勉強を始めるのです。

リモートワークでは時間配分が比較的自由にできます。同僚の目を気にすることなく勉強もできますし、各種の専門資格の取得は長期的には会社の利益にもなります。もちろん、いざというときの転職市場では、自身の価値を高めてくれますから自分自身にとっても大きな利益になります。

自分の専門性を高めることに大きな喜びを感じるのがエンジニアタイプの方の特徴ですから、リモート環境で気持ちの上での張り合いを持つためにも、専門資格の取得をめざしてみる、というのはよい目標になるのではないでしょうか？

仕事に対する視野を広めてくれる効果も期待できます。

POINT

ビジネスパーソンでも学会への参加は大変おすすめ！
この際、専門資格の取得も考えてみよう。

「芸術家」タイプに
おすすめの
リモートワークノウハウ ×5

Step 16

業務時間の配分はとことん自分勝手にすればいい

働く場所も極力、自由に

続いては「芸術家」タイプの人です。

自由を愛し、制限されるのが嫌いなこのタイプの方が、テレワーク／リモートワークの時代にどのようなことに注意していけば快適に働けるのか、しかも高いパフォーマンスを上げながらやっていけるのか、確認していきましょう。

まずは、とにかく担当の業務にのめり込み、とことん自分勝手に時間を使うようにしましょう。

もちろん各社の就業規則の問題もありますから、あくまで労働規則に許されている範囲内での就業を意識しなければなりませんが、その範囲内であれば、従来のオフィスでの時間配分にとらわれず、とにかく自分が働きやすい時間配分で仕事をします。家庭や業務上の事情が許すなら、働く場所についても好きなところで作業するといいですね。

そのようにしてこそ、このタイプの人はリモートワークでより大きな成果を上げられますし、自分自身もストレスなく働くことが可能だからです。

1日実働2時間でも成果が出ていればOK？

たとえば、次のような時間配分もありえるでしょう（あくまで一例です）。

9：00　仕事開始・チーム内ビデオ会議（顧客との商談の進め方などを打ち合わせ）
10：00　散歩、あるいはジョギング
11：00　業務の参考文献や気になっていた本などを読む

12：00　昼食
13：00　顧客とのビデオ会議
14：00　ビデオ会議後の振り返りと上司への報告
14：30　タスク開始（本来、この日に作業する予定だった仕事）
16：30　タスク終了
17：00　上司・同僚などへの仕事の終了報告

この時間配分を見ると、本来この日に作業する予定になっていたタスクを行っているのは、14：30からの2時間だけです。

そのほかの時間で連絡や報告、上司やお客様とのビデオ会議などもこなしていますが、午前中の集中ができて気持ちのよい時間帯は、リフレッシュのための散歩やジョギング、参考文献やそうでない本の読書といった、必ずしも目の前の仕事とは関係ない内容にあてています。

リモートワークが当たり前の時代には、成果として求められているタスクを期限内にしっかり終わらせているのであれば、このような働き方でも問題ありません。

しかも、こうした仕事を自宅の一室ではなく、たとえば軽井沢の森の中のペンションとか、旅行先の九州の温泉宿でできたら、などと考えると夢が広がるのではないでしょうか。

裁量労働制やフレックスタイム制で働いている方なら、さらに始業時間や終業時間なども自由に調整できます。

リアルに出社しているときにも、ずっと集中しているわけじゃない

リアルなオフィスに出勤している場合でも、就業時間のあいだずっと集中して作業をしている人なんてまずいません。

人間の意識は何時間も継続して集中するようにはできていませんから、集中して作業する時間の合間に、誰もが自らの判断で休憩時間を入れています。

休憩時間と明確に定められてはいなくても、しばらくネットサーフィンをしたり、(まったくおすすめはしませんが)タバコ休憩をしたり、上司や同僚の目を意識して仕事

のように見える何かをしてみたりしながら、ちょっとした休息をとっているはずです。こうした行為は、どんな職場でも多かれ少なかれ許容されているでしょう。

一方でリモートワークでは、上司が就業時間のあいだずっと、あなたの細かい仕事ぶりをチェックするようなことはありません。と言うか、普通はできません。同僚もあなたを見ていません。

であれば、しっかりと定められた仕事をこなし、こまごまとした連絡業務や事務作業などにも対処できているのであれば、終業時間中の時間配分をどうするかや、働く場所などは、ある程度自分の好きなようにすればいいのです。

特に縛られるのが苦手な芸術家タイプの人は、そのほうがずっとラクに仕事ができるうえに、よりよい成果を出せることも多く、結果として会社の利益につながっていきます。

第1章でも触れたように、リモートワークがより一般化すれば、否応なく割り振られたタスクの成果だけで評価される時代になるでしょう。

就業時間についての縛りなどもだんだんと緩和され、基本的には、自分の業務時間はすべて自分でマネジメントできるようになっていくと思います。

会社に勤めながら、フリーランスのように場所と時間を選ばない仕事ができるようになるのですから、特に芸術家タイプの方には朗報です（もちろん最低限の縛りは残るでしょうが）。

とはいえ現在はまだ過渡期なので、あくまで現在の自社の就業規則の許す範囲で自由にする、という点には注意しておいてください。

また、リモートであっても社員のパソコンがオンラインで接続されていて、一定時間キーボードの操作がなかったり、ビデオでの在籍確認ができない状態が続くと電話がかかってきて叱責されるような「リモートワークもどき」も存在しているようですが、そのような本質的ではないリモートワーク環境は早晩淘汰されていくでしょう。

そんな働き方をするなら、リアルなオフィスに出勤したほうが従来の休憩方法がと

れるのでまだましですし、そのような管理方法では自由な発想や革新的なアイデアなど出てくるわけがありませんから、そうした管理手法をとる会社は競争に敗れて消えていく定めだからです。

特に芸術家タイプの方はそうした管理手法との相性が最悪ですから、そんな会社からはサッサと転職する、という選択肢を真剣に検討するよう強くおすすめします。

結局はそうしたほうが生産性が高まる

いずれにせよ、芸術家タイプの人はその強みである豊かな発想力を活かし、ほかの人では思いつかないような行動や提案をすると成果を出しやすくなります。

1日の中で本当に集中して作業をできる時間は2時間くらいだと考えて、日々の業務時間の配分をするとよい成果を生み出しやすいでしょう。

これは決して仕事をさぼろうという話ではなく、むしろそうするほうが、より会社に貢献できる、ということです。

POINT

自分のやりやすいように働く時間を調整すると、芸術家タイプの方はストレスなく仕事ができ、かつ生産性も上がる。

Step 17

社内のビデオ会議にはこまめに「聞き流し参加」しておく

会社やチームへの協力の意思は示しておく

この芸術家タイプの人は、悪い言い方をすると「糸の切れた凧」のように、どこかに飛んで行ってしまいそうな印象を周囲に与えがちです。

リアルなオフィスに毎日出勤していたときには、出社習慣が会社への一応の帰属意識を周囲の人にも明確にしてくれる効果を持っていました。ところが、リモートワークでお互いの顔をめったに見なくなると、もともとのイメージもあって「この人は、本当にこのチーム、わが社で仕事を続ける気があるのだろうか?」と、同僚や上司に感じさせてしまうケースがよくあります。

特に上司からすると、芸術家タイプはコントロールがしにくいので、一般にやりにくいタイプの部下です。「いまは当社に所属しているけど、いつ辞めてもおかしくないよなぁ」などと上司に思わせてしまうと、先々に思わぬ不利益を被ることがありえます。

芸術家タイプの本人としても、リモート環境で好き勝手に仕事をできるのはよいのですが、本当にこの自由な働き方を続けて、リストラなどで会社に切られてしまうことはないのかと不安に感じることもあるでしょう。業務でインパクトのある成果を出せているときにはあまり不安は感じませんが、スランプで今年はあまり成果を出せていないよな……というときには、本当に自由なリモート勤務を続けていいのか、心細く感じる人が多くいます。

会社に求められなくなったら、いつでも辞めて転職したり、独立すればいいやと思える人ならば特に問題はありませんが、そうした人ばかりではありません。たとえ芸術家タイプであっても、当面は安定した雇用を確保しておきたい、という人のほうが多数派だと思います。

出社しても同僚や上司がいなければ意味がない

では、従来のように毎日出社して、会社への帰属意識を周囲や上司にアピールすればいいのでしょうか？

本人がスランプで業務上のパフォーマンスが非常に低いタイミングで、なおかつ多くの同僚や上司が自主的に出勤しているような会社では、そうするのも一案かもしれません。

しかしそれでは、せっかくのリモートワーク環境の強みが活かせません。

また、そもそも周囲の同僚や上司もオフィスにあまりいないような職場では、ほとんど意味がないでしょう。

芸術家タイプの方本人としても、そのように時間や場所を細かく縛られて仕事する状態に戻るのは、できれば避けたいはずです。

リモートなら〝ほかごと〟をしながらでも堂々と参加できる

……それならどうするか？

私からのひとつの提案は、自社で行われるさまざまなビデオ会議に積極的に出席したり、社内のプロジェクトでグループウェア上に作成したスレッドでこまめに反応するなど、**社内で行われる報連相のコミュニケーションの場には、可能な限り参加するよう意識する**ことです。

なかでも、モニタ越しとはいえお互いの顔が見えるビデオ会議には、しっかり出席するようにしましょう。

「この会議、自分が参加する必要があるのかな……」と思えるような会議でも、一応顔だけは出しておきます。

「そんなにあちこちのビデオ会議に参加していたら、本来の作業にあてる時間や自由な時間がとれないよ！」と思うかもしれませんが、この場合、それぞれのビデオ会議では、必要がなければ発言しなくてかまいません。

カメラをオンにして顔だけは見せておき、音声もBGMのように聞き流す感じにしておきます。何を話しているかなんとかわかるくらいにまで音量も下げてしまい、そのまま本来の作業を続けたり、カメラに映らないところで何か〝ほかごと〟をしていてもかまいません。

あるいは、カメラに顔が映るとほかのことをしているのがバレバレになるようなら、画面は切って音声だけの参加でもいいでしょう（たいていのビデオ会議ソフトウェアでは、音声のみの設定が可能です）。

もし何か言われたら、「動画にするとネットワークが重たくなるんです」とか、女性なら「ノーメイクなので……」などと言いわけをすれば、大抵はスルーされます（きちんとカメラをオンにしろ、とまで指示される場合にはそうするしかありませんが）。

聞き流していても情報は集まる

これには2つの意味があります。

ひとつには、同僚や上司に「あいつ、会社の会議にもしっかり出席しているな」と思わせられるという点です。

もともと根無し草的なイメージが強い芸術家タイプの方でも、このようにこまめに社内のビデオ会議に参加していれば、とりあえずチームの一員として働いていく気はあるのだと誰もが認識できるというわけです。

もうひとつの意味としては、情報収集です。

聞き流しでの出席であっても、それなりに会議で話されている内容は耳に入ってきます。何か自分の業務に関係するようなことや、自分の興味がある内容が話されていればわかりますので、そのときには音量を戻して、きちんと議論に耳を傾けたり、発言して議論に参加したりすればいいのです。

芸術家タイプの人はいわゆる「発散系」なので、よい成果を出すにはさまざまな情報を頭にインプットすることが必要です。個々には関連性のないとりとめのない情報を、独自の感性でひとつの企画にまとめる、といった仕事が特に得意なタイプなので、社内の情報を効率的に収集する意味でも、こうした「聞き流し出席」には意味があるでしょう。

聞き流し出席は不真面目な方法に思えるかもしれませんが、そのビデオ会議のホスト役としては、最低限の情報伝達ができているのであれば問題ないはずです。少なくとも出席はしていることで、各メンバーにチームへの協力の意思があることも確認できます。

もちろんディスカッション主体の会議であれば、この方法での参加は少々難しいかもしれませんが、しっかり参加していてもあまり意味がないな、あるいは参加することに意義があるのかな、と思えるような会議であれば、聞き流し参加で十分でしょう。

リモートワークの特性を活かしつつ、社内の情報や活動にもコミットできる（できれば知られたくなかった）おすすめのノウハウです。

POINT

ビデオ会議は「ながら参加」でも意味がある。聞き流しながら参加して、ほんのり帰属意識を示して安心させよう。

Step 18

仕事の節目節目に発表やプレゼンの場を設定する

管理も必要なのに、あからさまに管理されると不機嫌になる

芸術家タイプの人は、正反対の性格タイプである公務員タイプの人が得意にしている仕事の仕方を、苦手としていることが一般的です。

つまり、きっちりと時間やルールを守りながら、チーム内であらかじめ定められた内容の仕事をコツコツと進めていくワーキングスタイルは合わないのです。

とはいえ、実際の仕事ではそうした業務も多かれ少なかれ必要ですし、たとえ非定型的な業務であっても、時間については締め切りをきっちり守らなければ、プロの仕事としてまったく意味がありません。

時間を守ったり、細かい書類仕事などをルールどおりにこなすのが苦手な芸術家タイプの人は、そうした部分を上司など誰かにフォローして管理してもらうと、むしろのびのびと仕事ができる一面があります。

とは言っても、細かく注意されたりするとムッとして不機嫌な態度をとったりするのも、芸術家タイプの人の特性です。それで上司が管理するのを手控えると、今度はパフォーマンスが下がったり、締め切りを守れなくなってしまうことも少なくありません。実際にはコントロールされることも必要なのに、管理されるのはイヤだということで、上司にとっては「扱いづらい人」になりがちです。

発表やプレゼンならば管理されている気がしない

リモート環境では、上司が同じ空間にいないので、どうしても上司によるコントロールが効きにくい状態になります。

本人としても上司としても、ストレスがない形で適度な管理をする機会をつくらないと、いい結果にはつながらないでしょう。

そこで、業務の節目節目で社内やチーム内で発表やプレゼンをする場を設定し、そのたびに締め切りの期限を自ら設定するようにしてみましょう。あるいは、上司がそのように仕向けてあげましょう。

発表やプレゼンの内容はちょっとしたことでよくて、毎月の営業結果の報告とか、商品企画のプレゼン、調査レポートの発表など、日々の業務の中で「まとめる」作業を伴う仕事を、ビデオ会議でチームのメンバーなどに発表させる（する）ようにします。あるいは、もう少し大きな節目では、外部のコミュニティで研究発表をさせる（する）などしてもよいかもしれません。

いずれにせよ、このような他者に発表・プレゼンをする機会をつくると、芸術家タイプの人はただ締め切りを守るように言われるより、ずっとスムーズに時間を守った仕事ができるようになります。

性格的に人に強制されると不快ですが、自主的に何かをまとめるような作業は好きなので、自発的にやりたくなって、自分なりの工夫もするようになります。モチベーションを高く維持したまま期限も守れるのです。

自己決定の範囲を大きく

そしてその際には、できるだけ何を発表・プレゼンするか、またいつするのかも、極力本人が自分で決めるようにして（させて）ください。

仕事ですから、当然ながらすべてを自分で決めることは実際にはできないのですが、自分の意思で決められる要素を少しでも入れるように注意します。

芸術家タイプはそのようにしたほうが、結果としてしよりよい成果を残せるからです。

もしあなたが上司ならば、その点にも注意しながら、芸術家タイプの部下に何らかの発表やプレゼンの場をつくってあげるようにしてください。

この手法には、次のような効果も期待できます。

■自発的に業務に取り組むことで、自分ごととして深く仕事の内容に向き合える
■自分で宣言した期限までにやりきらないといけないので、納期や進捗の自己コントロールができるようになる
■自分なりの工夫ができるので、芸術家タイプが本領を発揮でき、期待以上の成果があがる

POINT

芸術家タイプの部下には、発表やプレゼンの機会をつくったうえである程度任せ、創意工夫を促すのがGood！

Step 19

あえて専門外のコミュニティに参加して視野を広める

何が出てくるかわからないからおもしろい

前に、エンジニアタイプの方はその道の専門の外部コミュニティに参加するとよい、と書きました。芸術家タイプの方も、同様に自分の専門分野があれば、そうした外部コミュニティに参加するのは決して無駄にはなりません。

ただし芸術家タイプの方の場合は、むしろ自分の専門外のコミュニティに参加することで、視野を広げることをおすすめしています。

たとえばふだんはマーケティングをしている人が、あえて医学や健康の勉強会に参加してみるとか、ＩＴエンジニアをしている人が、あえてマナー研修や料理教室に参加してみるとか、なんでもかまいませんので、ふだんの仕事とは別のことをわざとし

てみるのです。

何が出てくるかわかりませんから、わくわくして本人も楽しんで参加できるはずです。

芸術家タイプの方は、さまざまな情報をインプットすればするほどより斬新なアイデアを出せるようになりますし、これまでにはないアウトプットを出せるようになります。

柔軟に考えられるという自らの強みを強化するには、自分の専門以外のことに首を突っ込んでみることが必要なのです。

別の考え方やワーキングスタイルをリアルに把握できる

　またこれは、芸術家タイプの方のワーキングスタイル以外にも、さまざまなタイプの仕事の在り方があると本人が知るきっかけにもなります。

　芸術家タイプの正反対の性格タイプは、公務員タイプだと言いました。たとえば看護師という職業には、この公務員タイプの方がよくいらっしゃいます。芸術家タイプの方から見るとまさに真逆のタイプなので、そのワーキングスタイルや仕事に対する考え方は、リアルには想像できません。

　ところが、仮に健康関連の勉強会などでそういう人と交流する経験をすれば、自分とは異なるタイプの人たちの姿勢や考え方、仕事の仕方などもリアルに理解できるようになるわけです。

　自分の仕事の仕方と違う部分をアレンジして取り入れてみたりもできますし、本人の人間的な成長にもなるでしょう。

　もしかしたら、いままで自分が考えていたことは、一般的な考え方とは少しずれているんだな、という気づきがあるかもしれません。そうした他者からの新たな認識というのは、大きな成長につながりやすいのです。

リモートワークになって、会社やコミュニティの垣根を飛び越えられるチャンスが増えています。ビデオ会議での参加ができるコミュニティも増えていますから、ぜひこの機会に、大きく視野を広げられる新しい挑戦をしてみてください。

POINT

まったく異なる分野の勉強会などに参加すると、新しい刺激を受けるので、いろいろな意味で成長できる。

Step 20

自分の好きな仕事、興味を惹かれる業務にシフトしていく

ストレスが完全になくなる場合も？

最後に、芸術家タイプの方は、可能な限り自分自身が好きな仕事や興味を惹かれる業務に、仕事上の重心を移していくことをおすすめします。

もちろん自分の地位や雇用形態、実力や経歴などによっては「そんな荒唐無稽なこと、無理だよ！」と感じることも多いでしょう。

それは重々承知のうえで、それでも私は、芸術家タイプの方は好きな仕事、興味の持てる仕事に業務内容をシフトしていくべきだし、それでこそより大きな成果を生み出せるとおすすめしたいと思います。結果としてそのほうが、会社にとっても大きな利益につながるでしょう。

すでに何度か述べましたが、このタイプの方はもともと、あらかじめ定められたルールの中で、定められた仕事をきっちりこなしていく、というのが苦手です。自分がいいと思う方法で、できるだけ自由に、興味のわく仕事をしたいわけです。

リモートワークの導入で、業務時間の配分やその方法は比較的自由にできるようになりました。そういう意味では、現状にやりやすさを感じている人も多いはずです。

そこで、どうせなら業務の内容自体も、可能な限り自分の興味のわく分野、好きな分野の仕事へとシフトしていければ、リモート環境で限りなくストレスのない仕事をできるようになるわけです。

GAFAやIBMではすでに多くの職種で一般化している

芸術家タイプは冒険好きで実験的、新しいことを発案し、試していく性格タイプです。新型コロナウイルスの流行で先行き不透明になった現在、日本企業にとってはますます大切な人材になっているはずです。

既存事業における売上や利益が頭打ち、もしくは減少する中で、多くの企業では新たな現実（ニューリアリティ）に適合した新分野への進出が必要になっています。そうした新しい挑戦の際に、斬新なアイデアを考えるとともに、リスクをとって実行することを恐れない芸術家タイプの人は、今後その存在価値を高めていくのです。

その潜在力を最大限に発揮させるには、業務内容についてもできるだけ自分で決めさせたほうが効果的です。特に研究職や企画職などはそうです。

私の古巣のＩＢＭはもちろん、グーグルやアップルなど現在の世界でもっとも成長している先進的な企業では、このような仕事の仕方がすでにかなり昔から、多くの職種で一般化していることもよく知られています。

まずは冷静に上司と相談してみよう

では、個人としてどうすればそのようにできるのか？

なかなか難しいのですが、まずは上司に自分の希望を伝えることから始めましょう。

ただしそのときには、感情的に強く要求するのではなく、冷静にメリットを提示し、できればこういうことをしたいと礼儀正しくお願いするよう意識してください。

大きな会社や新興企業で、イノベーションを促進する制度（創案制度など）がある場合は、それらを利用して上司や経営者に直接企画提案するのもいいと思います。

とにかく、軸は自分が本気になって好きになれる仕事です。

そうしたものなら、リモートでもリアルでも、芸術家タイプは寝食を忘れて仕事にのめり込むことができます（ただし、本当に忘れると体を壊します！）。ふだんの仕事では気が散りがちですが、自分が発案した企画なら継続もできるはずです。

組織風土がどうしても合わないときは、転職もひとつの選択肢？

そしてもし、そうした制度もなく、上司の理解も得られなかった場合には、最後の手段として転職や起業を検討するのも、ひとつの選択肢ではないかと思います。

世の中には芸術家タイプの社員が比較的多い会社と、まったくと言っていいほどいない会社があります。つまり決められたことをきちんとやることで売上を上げるビジネスモデルになっていて、これからもそこを変化させる必要性がないような会社です。

たとえばＩＴ関連業界には、芸術家タイプの人が非常に多い企業が多くある一方で、既得権的なビジネスモデルで成長してきたために本質的な変化を歓迎しない会社もあります。自分が芸術家タイプなのにそうした会社にいるのであれば、今後もずっとフラストレーションやストレスを感じながら働くことになります。この機会に転身して、新たなチャンスを考えてみるのもひとつの方法です。

ただし現実的には、まずは自分の会社の中で、少しでも好きな業務に近づけるよう折り合いをつける努力をすることです。私も部下がもしそうした希望を持っていたら、全力で慰留して、一緒にもっとよい職場になるよう考えていきたいと思います。

POINT

上司と相談しつつ、働きやすい環境をつくれるよう努力する。どうして合わなければ転職も選択肢に。

「公務員」タイプに
おすすめの
リモートワークノウハウ ×5

Step 21

従来業務をリモートに適した新しい定形業務に落とし込む

会社にとって欠かせない人材

次は公務員タイプの方におすすめしたいリモートワーク術です。

本書では「公務員」としましたが、これは単にイメージですから、実際の公務員の方にはこれ以外の性格タイプの方もたくさんいます。ただ、ここで述べるようなタイプの公務員の方は、やっぱり多い気がします。

さて、このタイプの人はいわゆる「きちんとした人」です。ルールを守り、計画を立て、順序どおりに実行していくのが好きだし、得意です。会社では、このタイプの人がとても重要です。現行業務を担う人だからです。

世の中では、なぜかこのタイプの人のことを「言われたことしかできない」とか「自分で考えない人」だとか、マイナスイメージで言う場合が多くあります。

しかしほとんどの会社には日々のオペレーションがあり、実際にはその部分で売上の大半をあげて、そこから社員それぞれの給料が払われています。**公務員タイプの人たちの活動は、企業にとっては欠かせない「金のなる木」です**から、それをミスなく、そつなくこなしていける公務員タイプの人は、企業にとってはまさになくてはならない人材なのです。

そして公務員タイプの方は非常に真面目でもありますから、言葉がちょっと悪いですが**リモートワークでも基本的に「放置可能」**です。誰が見ていなくても、自分で自分を律し、任されたタスクを粛々とこなしていきます。

上司や経営陣としても、安心して仕事を任せることができるでしょう。

新しい環境に合わせて、再度最適化を行うとやりやすくなる

では、リモートワークにおける特段の働き方のコツはないのかと言うと、そんなことはありません。

公務員タイプの人が得意にしている定型業務は、多くの場合に極限まで効率化、最適化されています。ただ、その最適化というのは以前のリアルなオフィスでの業務に最適化されていることが多いので、そのままリモート環境に移行すると不具合が生じることが多々あるのです。

その最たる例が、リモート勤務なのに書類に上司の判子をもらうためだけに出社しなければならない、といういかにも日本的で情けない「あるある話」です。

こうした非合理的な業務を減らすために、既存の業務をどこまでリモート環境で行えるのか、逆にどこからはリアルな職場での作業が必須なのか、これまでの膨大な業務を分類して、まとめ直す「業務改革」の作業を意識的に行っていきましょう。

その業務改革の要点としては、リアルもリモートも同じなのですが、顧客視点で見て不要な手続きを、バッサリなくしていくことから始めるとやりやすいでしょう。「こんなの、お客様は望んでないよね」から始めるのです。

そしてその際には、できる限りリモートワークだけで業務が完結するよう、電子署名やセキュリティの確保など、最新のＩＴを活用することも必要になります。

また実際問題として、なかなかすべての業務をリモートワークで完結させることはできないでしょうから、リアルなオフィスへの出社とリモート環境での勤務をどのように配分するか、チームメンバーとの調整なども必要になってくるはずです。

本格的なリモートワークを始める前に、また始めたあとにも定期的に、こうした業務改革と調整を行っていくことが、公務員タイプの方がストレスなくリモート環境に移行する際のコツになります。

業務改革の結果、新しくリモート環境にも最適化するよう定義された仕事は、「新しい定型業務」になっていきます。全担当業務に占めるその割合が増えれば増えるほど、公務員タイプの人の高い事務処理能力を、リモートワークでもそのまま発揮できるようになるでしょう。

ちなみにこの「事務処理能力」とは、単純作業を処理するスピードのことを言っているのではありません。

物事を正しく理解したり、高度なレベルで内容をチェックしたり、正しく次の工程に仕事を依頼したりする能力のことです。特に正反対な性格タイプとなる芸術家タイプの方にとっては、想像もできないレベルでの細かさや慎重さを保ったまま仕事を進める力です。公務員タイプの方は、そうした能力を持っていることが多いのです。

必要ならチームや組織を巻き込んで、また上司などにも適宜相談しつつ、こうした業務改革を進めていってください。こうした働きは、性格タイプを問わず、会社組織としてのリモートワークでの生産性を上げることにもつながっていきます。

POINT

リモート環境では従来の業務を行いにくい場合が多いので、新しい環境に適合するように、業務内容のほうをまず整える。

Step 22

もうひと言を心がけ、仕事の流れから外れないよう注意する

リモート環境では意図せず「蚊帳の外」に出てしまうことがある

公務員タイプの方には、一般に仕事の処理能力が高い方が多いです。その力をリモート環境でも生かしていくには、同僚やお客様など周囲の人に自分の存在を常に認識させること。また業務全体の流れの中で、自分の担当している仕事を見える化していくことが大切です。

社内の別部署とのつながりやお客様など外部とのつながりなど、これまでに培ってきた自分を取り巻く周囲の仕事の流れを、意識して維持するようにしましょう。

公務員タイプかどうかにかかわらず、リモートワークでは自分への仕事の流れ、ま

た自分からの仕事の流れを意識的に見える化しないと、悪気がなくてもいつの間にか存在を忘れられ、仕事の流れから外されてしまうことがあります。

会社員だから自動的に自分に仕事が来るかというと、リアルなオフィスのように目の前に誰かいるわけではありませんから、ほかの人には気づかれないうちに「蚊帳の外」に置かれてしまうこともあるわけです。

そんな状況になったとき、「あれ、なんか仕事が回ってこないな」と待っているだけではいけません。また「しめしめ。忙しくなくて、これはいいな」なんて考えて、何か言われるまで隠れていてもいけません。

上司や同僚が先にそうした状況に気づいたら、「〇〇さんは、直接言われなければサボっちゃう人なんだな。仕事ができない人なんだな」といったネガティブな評価をされかねません。

特に公務員タイプの方は、仕事の処理能力が高くて、その力をチーム内であてにされていることもよくあります。そんな人材がフルに稼働していない状況を呼び寄せるのは、極力避けなければならないのです。

日々のコミュニケーションを「ひと言分」だけ深めていく

そのための具体的なアクションとして、ここでは以下の3つをおすすめします。

ひとつは、常にチーム内で連携できる状態をつくっておくことです。

朝イチで必ず相互に連絡をするということでもよいでしょうし、人数によってはビデオ会議や社内SNSアプリなどを活用することも有効です。リモート環境でも、1日1回はお互いに笑顔で挨拶する関係性を維持したいものです。

現在、こうした連携がうまくとれていないようであれば、15分などの短時間でもよいので、「朝会」と称したビデオ会議を提案してみるのもいいでしょう。

第2章で説明したように、ビデオ会議などのリモート環境下のコミュニケーションでは、リアルに会っていたときよりもひと言多く声を掛け合い、お互いに理解し合おう、仲よくなろうとする態度をとるよう意識することが大切なのです。

2つ目に、単純ですがタスクの成果物を提出するときに、これまで以上に気を遣って引き継ぎの連絡をすることです。

たとえばエクセルでデータをまとめて次の人に渡す、というタスクがあったとします。リアルなオフィスでの業務フローでは、完成したら所定のサーバーにファイルを置くことまでが自分の責任範囲で、特に声掛けなどはしていなかったかもしれません。

しかしリモートワークでは、それにひと言加えて「例のファイル、サーバーに置きましたよー」などとチャットしてみる――こうした細かい気遣いで、確実に仕事の流れをつなぎ、同時に自分の存在を意識させて、忘れられないようにすることも必要です。

3つ目に、ときどき職場の同僚やお客様に、「今回の仕事、自分はちゃんとやれていたでしょうか？」などと自分に対する評価をさりげなく聞いてみることをおすすめします。

リアルな職場では、自分に対する評価を同僚やお客様に直接聞くようなことはめったにないと思いますが、リモート環境では文字や映像をとおして聞くことになるので、意外に心理的な抵抗なく聞くことができます。

ここでも、反応する、反応を聞くということが、リモートワークにおけるコミュニケーションの基本となるのです。

自分への他人視点での評価を聞けば、足りていない部分を改善できるので自分自身のスキルアップにもつながりますし、そのように踏み込んだことまで聞くことで、相互の信頼感を高め、仕事の流れの中での存在感を高めることにもつながります。

POINT

仕事の流れから外されることがないよう、苦手なコミュニケーションの分野で「+ひと言」を心がける。

Step 23

「タスクボード」でチームのタスクを共有する

タスクの洗い出しが苦手な人でも気張らずできる！

公務員タイプの方は、エンジニアタイプと同様にリモートワークが苦になりません。

ただ、エンジニアタイプの方がひとりで黙々と作業をするのを好むのに対し、チームで協力しつつ課題を解決していくのも得意なのが公務員タイプです。

そこで、特に公務員タイプの方は、チーム内でタスクをしっかり定義、共有したうえで仕事に取り組むよう意識すると、リモートワークでもさらに効率よく働けるケースが多いようです。

具体的には、いつまでに、誰が、何をアウトプットしていくのか、自分に任せられている仕事についてそれぞれの「タスク」を定義していきます。

この「タスク」の洗い出しが苦手な方は多いです。特にこれまで明確なアウトプットがある業務をしてきていない方では、難しく感じると思います。しかし実際に洗い出してみると、意外にたくさん出てくるものです。まずは気張らずに、できる範囲で挑戦してみてください。

■課長への朝の挨拶をする（「おはようございます」のひと言）。
■メールをチェックする。
■前日のお客様訪問の結果をまとめる。
■翌週訪問のアポをとる。
■業界の最新状況について、お客様への報告書を作成する。

こんな感じでよいので、どんどん出してみます。基本的に「動詞」でリストアップしましょう。つまり「誰々が、何々をする」というのが〝タスク〟で、その結果が何らかの〝アウトプット〟になります。

このなかでは、最後の「お客様への報告書を作成する」というタスクは、1人でもできますが、チームでも取り組めます。そこで、試しにこのタスクを分解していきます。

■業界の最新状況について、政府発行資料のリストを作成する。
■A省の資料を2ページにまとめる。
■B外郭団体の資料を2ページにまとめる。
■主要な状況と、今後の動向を整理して、1ページにまとめる。
■お客様に関係のあるトピックを5個ピックアップする。

このように、分解するとたくさん出てきますから、順番に細かいタスクに細分化していきます。その際には、いわゆる「MECE《ミーシー》（漏れなくダブりなく）」にも気をつけましょう。

クラウドのアプリケーションでタスクを共有

タスクの定義付けがすんだら、それらの分解されたタスクを常にチーム内で共有しながら日々の業務を進めていきます。公務員タイプに限らず、チームでリモートワークを進める際には、この手法が基本になるはずです。

タスクごとの進行状況をリアルタイムで共有するには、ITを活用してクラウドベースのアプリケーションを使うのがおすすめです。

特に「タスクボード」と呼ばれる手法が直感的に使用でき、おすすめです。トヨタ生産方式で「かんばん」と言われるものと基本的には同じ手法で、これから手がけるタスクを「To Do（未着手）」、実施中のタスクを「Doing（着手）」とし、完了したら「Done（完了）」に移します。この3つの分類だけで、多種多様なタスクを管理する手法です。

あらかじめ全体のスケジュールがわかっている場合には、チーム内でのスケジュール表の共有でもよいのですが、タスクボードのほうがより細かく柔軟に設定できるの

タスクボードのアプリを活用するのがおすすめ

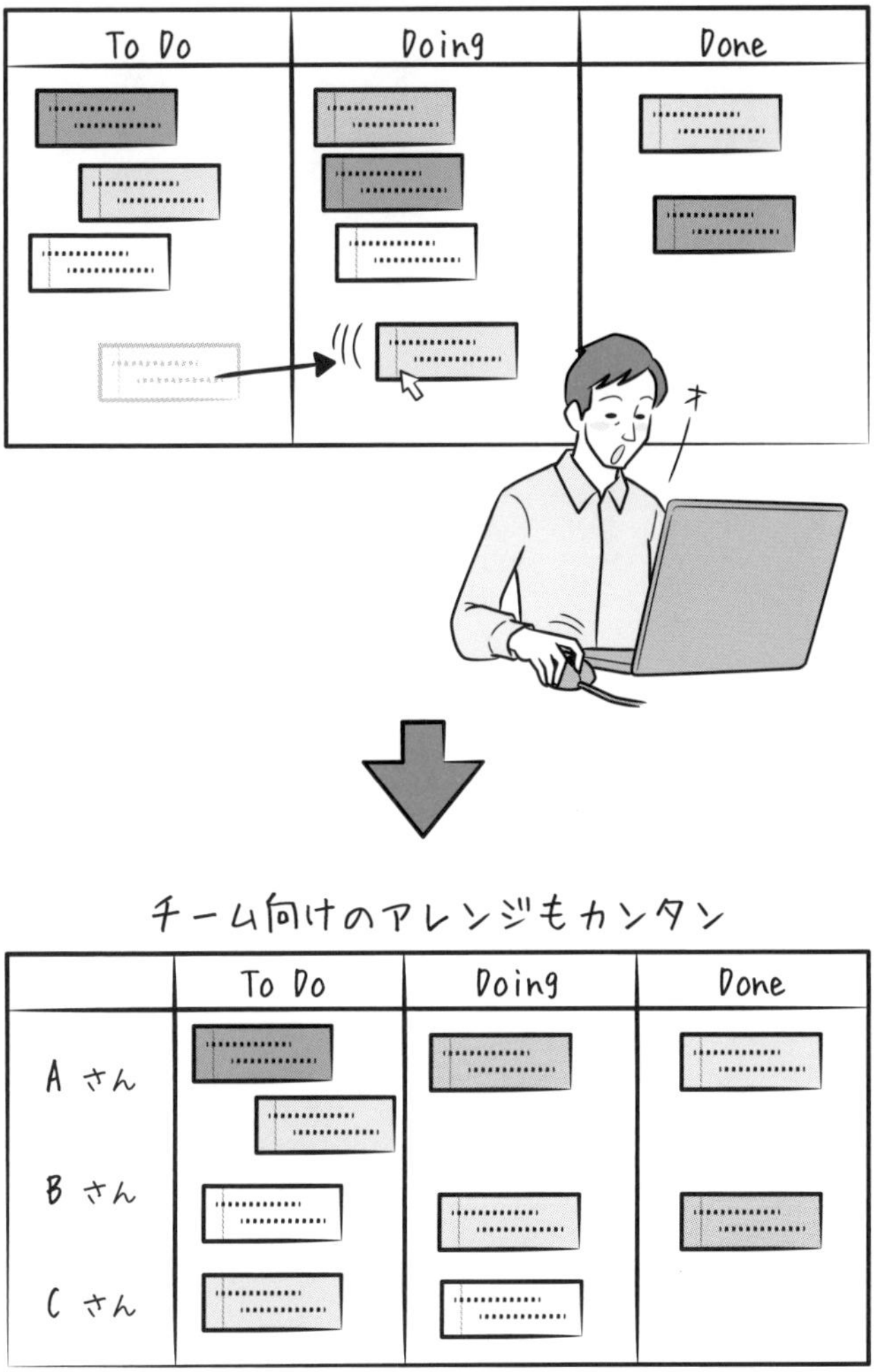

で、チームでの共同作業、特にリモート環境での共同作業には適しています。

オンラインでクラウド的に使えるツールもたくさん出ていますので、「タスク管理ツール」などの言葉で検索して、好みのものやチームのニーズに合致したものを利用してください。

とにかく細かく定義するのが「成功の秘訣」

リモートワークでのタスク定義と共有をうまく進めていくには、以下の3つのポイントにも注意しましょう。

☑ タスクの「粒度《りゅうど》」を小さくすること

これは、それぞれのタスクをできるだけ細かく分類して定義する、ということです。できれば1時間単位に粒度を細かくする（つまり、1時間で終わるぐらいの仕事の単位にまで分類する）と、チーム内での連携をより効率的にできます。

ひとつのタスクが終わったら、すぐに別の担当者がそのタスクを引き継いでチェックや変更を加えていく、といった作業の進め方もできるようになるのです。

当然、チームメンバー間のコミュニケーションも活発になります。

☑ 終了条件を明確にすること

2つ目に、それぞれのタスクは、何がどうなれば終わったことになるのか、事前にはっきりさせるよう常に注意しておくことです。

たとえば「XXを調査する」というタスクの定義ではあいまいです。

この場合なら、「XXを調査し、結果をA4一枚のパワポ資料にまとめて、チームのサーバーにファイル名YYYYで保管する」というところまで定めておいたほうが具体的で、タスク終了のイメージが明確になります。

そのパワポ資料の章立てやフォントサイズ、色遣いなど、ほかにも事前に決めておいたほうがよい点があれば、それらも事前に明確にしておきましょう。

いつ終わったかがわからないと、担当した本人も周囲の人も、タイミングよく仕事の流れを回せなくなるので、そのタスクがどこで終わりになるのかはくれぐれもはっきりさせておくようにしてください。

☑ チーム全員が参加する

最後に、このタスクの定義と分解を、できるだけチーム全員で考えるようにすることです。みんなで考えながらタスクを定義していくことで、チーム全員が当事者になります。誰かに押し付けられたタスクではなく、自分たちのタスクになるわけです。

このように感じられたほうが生産性も上がりますから、ぜひ全員でのタスクの定義と分類を検討してください。

POINT

タスクの洗い出しを行い、タスクボードなどを利用してリモートワークでもチームの強みを活かせるように工夫しよう!

Step 24

「リモート協働」でタスクを進める

離れていても一緒に仕事できる

タスクが定義されたら、いよいよチームでのリモートワーク開始です。

タスクボードを使用している場合なら、「To Do」のボックスから誰かが「私、やります!」と言って(あるいは、上司が「○○君、お願いします」と言って)タスクをピックアップし、「Doing」に貼り付けして作業を開始します。

このように、チームでやるべき仕事は常にチーム全体で共有しながら仕事を進めるのです。任せっぱなしにして結果を待つスタイルではなく、常にお互いの仕事を確認しながら、一緒に仕事をするようなスタイルです。「リモート協働」とでも言えばいいでしょうか。

必要があれば、２人でひとつのタスクに同時に取り組むことも可能でしょう。

たとえばビデオ会議をつけっぱなしにして、パソコンでシェアサーバー上に置いた同じPowerPointのシートを見ながら、関連する資料を一緒につくっていくようなワーキングスタイルも実現可能です。

私の専門分野のプログラミングでは、ペアで同じプログラムコードを見て、会話しながら手を動かして開発するようなこともよくあります。ＩＢＭ時代には、国境を超えてのリアルタイム協働作業なんてことも、実際に何度か経験しています。

あるいは、ビデオ会議の音声だけを常時つなげておき、いつでも話かけられるような状態で仕事をするのもよいでしょう。

LINEやSlackのチャット機能を使って、就業中はいつでもチーム同士でやりとりできるようにしておくのもよいと思います。

「分報」をペースメーカーにする

どんなにタスクを細分化し、チームで分担できたとしても、ずっとひとりでリモートワークをしているだけでは、強い意志を持っている人以外は心細くなるものです。自宅の就業環境次第では、集中力も途切れやすくなるでしょう。

特に公務員タイプの方は、リアルなオフィスではチームで仕事をしてきた方が多いので、いきなりリモートワークでずっとひとりきり、という状況だとストレスが溜まり、生産性も落ちがち。こうした「リモート協働」は最適な働き方になると思います。

たとえばあるチームでは、「週報」や「日報」に代えて、「分報」という報告形態を導入していました。これは1分おきに、「どお？　大丈夫」「うん、問題ないよ」といった簡潔なやりとりをするだけの報告です。これならば、リモート環境でも置いてけぼりにされていると感じることはありませんし、励みにもなるでしょう。

たとえチーム内で自分にしか詳細がわからないようなタスクであっても、「これから、Aというタスクを1時間でやりますね」と分報でチャットします。その後、10分後ぐらいに「順調ですよー」と書くと、チームメンバーから「いいね」が返ってきて、20分後ぐらいに「うーん、難しい」と書き込めば、今度は「がんばって」というスタンプが返ってきたりするので、孤独感を感じるようなことがないのです。

これはちょっと極端な例ですから、あまり頻繁にやり取りすると煩わしい場合は、30分ごとでも、1時間ごとでも、好きなようにアレンジすればいいでしょう。大事なのは、コミュニケーションが不自由な世界だからこそ「反応する」ことです。

いずれにせよ、リモート環境でもこのようにチームで取り組むことで、自分のタスクのペースメーカーになってもらうことは非常に有効なので、みなさんもぜひ試してみてください。

ソフトウェア開発ではおなじみの「アジャイル開発」

こうしたチームでの協働とタスクの可視化は、少人数でソフトウェアのプログラムを開発する現場では、「アジャイル開発」という名称でごく一般的に行われているものでもあります。

ソフトウェア開発の場合は、ひとりですべてをつくることは少なく、複数人が同時に開発に関わるため、いま開発している内容をチーム内のみんなが理解しながら進めることが、業務の進捗やプログラムの改善・再利用にとってとても重要だからです。こうしたアジャイル開発は、タスクを通じた個々人の成長や、開発チームのシステムの成長を促す意味でも有意義です。

公務員タイプ以外の方でも、このように情報共有しながらそれぞれのペースを確認し、チームでリモート協働をすることは、より効率的な仕事の進め方につながるだろうと考えています。この手法は、いろいろな方におすすめできるでしょう。

POINT

「日報」の代わりに「分報」にするのもおすすめ。社内SNSアプリを利用すれば共同リモート作業も可能になる。

Step 25

基本、相手を褒めちぎれ

公務員タイプは地雷を踏みがちなので要注意！

公務員タイプのリモートワーク仕事術、最後は「とにかく褒める」ということです。

リモートワークでは、ある鉄則があります。

それは、喧嘩をしないということ。

リモート環境では、前述のようにモニタに映る自分の顔がすべてです。リアルな職場では利用できるノンバーバルなコミュニケーションが制限されますから、そこで喧嘩になってしまうと、収拾がつかなくなる恐れがあるのです。

対面なら、笑顔で話しながらも少しきついお願いをする、といった芸当も可能ですが、リモートワークではそれは困難です。

メールで強い指示や、ある意味、恫喝ともとれるような内容を送信する人もいますが、これもアウト！

喧嘩のような状態になってしまうと、その後の人間関係の修復はかなり難しくなります。

その場合には、電話などでじっくり話し合うのが当面の対応策となりますが、それでも対面とは違うため、電話での言葉遣いは極力ソフトにするようにしてください。

特に自分が上司の場合には注意しなければなりません。

公務員タイプできっちり仕事をする人は、自分のルールを重んじる方が多いです。よかれと思って部下を叱ったりすることも多くあると思いますが、リアルなオフィスと同じ感覚で叱ってしまうと、トラブルになりかねないので要注意です。

モニタ越しなら照れずに言える？

いちばん簡単にこうしたトラブルを予防する方法が、リモートワークでは極力相手

を褒めること。特に公務員タイプの場合は、多少不自然に感じられても褒めちぎるぐらいでちょうどいいでしょう。

いままで面と向かっては言えなかったことでも、リモート環境のモニタ越しだと、意外に恥ずかしがらずにさらっと言ってしまえます。この特性を利用して、無用なトラブルを防止しつつ、逆に「褒め殺し」で相手を動かすくらいに意識しておくとよいと思います。

あの手この手で褒めちぎる

その褒めちぎり方についても、いくつかの方法があります。

☑すぐに褒める

ひとつ目は、相手が何かをしたら、そのすぐあとに褒めちぎる方法。これがもっともやりやすく、かつ効果的です。たとえば「○○に連絡しておきました」と聞いたら、「さすが、●さんは早いね」などと返す感じです。

☑第三者からの評価を伝える

2つ目は、第三者からの伝聞として伝える方法です。

「◆さんが言ってたけど、例の件うまくいったんだって？　いや〜、大したもんだよ！」というような言い方。

この方法で褒めちぎる利点は、第三者の言葉を借りているので嘘っぽくならずに褒められることです。ただし、発言をでっち上げないようには注意してください。

☑相手の悩みや失敗を褒めてフォローしてあげる

3つ目は多少高度なテクニックになりますが、相手がいま、いちばん悩んでいそうな点を把握して、逆に褒めることでその悩みを緩和してあげることです。

その相手が何かのタスクに失敗したときなどに、「今回、○○さんが最初に取り組んでくれたから、この方法では結果が出ないとわかったんだよ。最初に地雷を踏んでくれたから、それ以後の人がみんな助かるってわけ。だから、落ち込む必要はないよ。みんなも感謝しないとな」といった感じです。

リモートワークでは、相手を褒めちぎって困るようなことはそうありません。3つの手法を駆使して、どんどん褒めていきましょう。

POINT

リモートワークではコミュニケーションでトラブルを抱えると関係の修復が難しい。基本は褒めてトラブル回避を心がける。

「世話焼き」タイプに
おすすめの
リモートワークノウハウ ×5

Step 26

「ひとりでは答えの出せない仕事」を担当する

大阪のおばちゃんタイプ

最後に取り上げる性格タイプは、世話焼きタイプです。

このタイプは気さくな人で、楽しく、仲間を大事にするような人間味のある個性を有しています。「大阪のおばちゃん」タイプと言ったら、関西の方から怒られるかもしれませんが、こうした人は従来のリアルな職場ではみんなの輪の中心にいたり、お客様との窓口になっていたりしました。会社組織においては、たとえば営業といった大事な役割を担っていることがよくあります。

こうしたタイプの方は、テレワーク／リモートワークの時代にどう活躍していけばいいのでしょうか？

基本的に対面勤務時と同じ役割を担う

ひと言で言うと、リモート環境になっても多くの人と連携して仕事を進めていくことです。いきなり不得意なデータ分析などをコツコツやり始めるより、もともとの強みを活かすほうがおすすめです。

ここでは、そうした仕事を「ひとりでは答えの出せない仕事」としました。

具体的には、ひとりでどんなに作業をしても最終的な成果にはつながらない仕事、いろいろな人の力を結集しなければならない仕事や、相手がある仕事などです。

たとえば営業なら、必要な専門家を集めて、議論して、解決策を探るような仕事でしょう。こういう種類の仕事は、リモート環境であっても世話焼きタイプの方に任せるのがいちばんです。

つまり、このタイプの方が核になり、チームのみんなの音頭を取って、知恵を絞ってもらい目標達成していきます。リアルな仕事でも行っていたそうした仕事を、リモートの環境でテレビ会議などを駆使してやっていく人として、価値を生むことを目指しましょう。

世話焼きタイプの人がまず声をかける役目を担い、ひとりで黙々とやるエンジニアタイプやアイデア豊富な芸術家タイプ、きっちりやっていく公務員タイプの方を集めます。このときは必要に応じて、議論での司会進行の役（ファシリテーター）を公務員タイプの人に任せてもよいでしょう。

ただ、とにかく人を集めたり、チームメンバーに必要性を理解させたりすることは、世話焼きタイプの人がもっとも得意とするところですから、リモート環境であってもそうした仕事を率先して担当していくことが、このタイプの人がまず意識すべきことだと思います。

POINT

チームの音頭をとって、大小のプロジェクトを進める「エンジン役」を担うようにすると、リモート環境でも重宝される。

Step 27

ビデオ会議は「リモート根回し」してから議論する

より戦略的にディスカッションに臨め！

世話焼きタイプの人が、「ひとりでは解決できない仕事」のために人を集めたとします。このタイプの人が持つ豊かな人間力は、そこに参加した人全員が頼りにしているものでしょう。

しかし、そこはリモートワークです。これまでのリアルなオフィスに人を集めるような会議はできません。足を使った取引先へのネゴシエーションもできません。会議をうまく回していくエンジンがその場にない状態になり、いつまでも結論が出なかったり、参加者のモチベーションがなくなったりしがちです。

そこで、世話焼きタイプの人は、リモート環境では自分のファシリテーション力を高めることを志向していきましょう。

ファシリテーション力とは、会議や議論で参加者の発言を促したり、話の流れを整理したり、合意形成を図ったりする力のこと。いわば会議の進行役としての力量です。

これまで、ただ感情のなすがままに、直感的に「みんなで力を合わせよう！」などと鼓舞してきたような人は、より戦略的にビデオ会議の議論を導いていくようにするのです。

そのようにしても、世話焼きタイプの方がすると、周りの人からは戦略的にしているように見えません。勢いに任せて進めているように見えるキャラクターが強みです。

根回しが終わってからビデオ会議を招集するのがコツ

具体的なコツをひとつ紹介しておくと、会議にあたってはあらかじめ、自分なりの問題解決のストーリーをいくつか用意しておくようにします。

また、最終的には5人のメンバーで合意することが必要だとしたら、いきなりその

5人をビデオ会議に集めたりしません。まずはAさんに相談し、次にBさんにも相談……というように個別にビデオ会議を設定し、自分の話を聞いてくれる人をあらかじめ増やして根回しするとともに、反対意見を持っている人の意向を探っておきます。

そして、ある程度の方向性が見えたときに初めて全員を集め、これまでの経緯とともに今回の問題についての解決案をいくつか提示して、次回へのアクションを策定していくわけです。

人間的に周りを巻き込むことが得意な人ほど、リモートワークでは慎重に一人ひとりと個別にビデオ会議をして、相談する段階を踏んでいくことがおすすめです。

面倒に感じるかもしれませんが、リモートワークで参加者多数のビデオ会議の議論をまとめるには、これくらいしっかり根回ししたほうがスムーズに結論が出ます。

リアルな職場での根回しに比べれば、リモートワークでは机に座ったまま画面を切り替えてさまざまな相手とつながれるのですから、そういう意味では手間がかからないとも言えます。ぜひ、挑戦してみてください。

傍観者にさせないための質問をする

ファシリテーターは場をつくる人です。その場というのは、会議がうまくいくための場です。では、「会議がうまくいく」とはどういうことでしょうか？

大勢の人が集まっても、全員が聞き役の場合もあります。しかし本来、出席者は全員が当事者です。傍観者ではありません。そのため、全員を当事者にさせる役割がファシリテーターにはあります。

そのためのよい方法としては、それぞれの参加者に「～さんは、この点、どう考えていますか」などと質問を投げかけるのが効果的です。

聞かれた人は自分の意見を言わないといけませんので、傍観者ではいられません。また当事者として、自分のこととして考えることになります。

そして発言をすれば、その言葉についての責任を負うことにもなります。

ファシリテーターはそうした場をつくっていく人です。適切な質問をしながら、最終的には全体の合意を取り付けるまで議論に関わります。事前のネゴシエーションも、そうした目標に向かったものになります。

ファシリテーションの細かいスキルやノウハウについては、関連の書籍や無料動画がたくさん出ていますから、そうしたものでもぜひ勉強してみてください。

POINT

リモートワークでも根回しは必要。クリックひとつでいろいろな人にアクセスし、会議の前に結論を決めてしまおう。

Step 28

アウトプットの解像度を上げる

リモート環境ではあいまいなメッセージは伝わらない

このように人間味があふれる世話焼きタイプですが、リモートワークでは苦手とする点もあります。

それは、具体的なアウトプットの「解像度」です。仕事の成果として提出するデータや報告、レポート、企画書などが、本人はそれなりのものを出しているつもりなのに、周囲の人からは「いまいち要領を得ていないな……」とか「結局、どういうこと？」などと受け取られてしまうことが多いのです。

このように、ポイントを完全に外しているわけではないのだけれども、かと言って求められていることに完全に応えているわけでもない状態を、ビジネスではよく「解像度が低い」と言いますよね。世話焼きタイプの人は、もともとこの部分が弱いケースが多いので、特にリモートワークではアウトプットの解像度を上げるよう意識すべきなのです。

なにしろリモート環境では、最終的なアウトプットも直接面と向かって渡すわけではありません。間接的にしか引き渡せないので、解像度が低いと、せっかくの仕事を正確に評価してもらえない可能性もあります。

ちなみに、こうした解像度を上げる作業を特に得意にしているのが、正反対の性格タイプとなるエンジニアタイプの人です。そうした人たちの仕事ぶりを参考にしたり、教えてもらったりして、少しずつでも実力を上げていくようにしてください。

3つの条件を満たしてアウトプット上手になる

古巣のIBMでは、「よいアウトプット」とは以下の3つの点を満たしているもののことだとよく言われました。これを参考にするのもよいかと思います。

☑ 当初の目的に沿っている

ひとつ目は、当初の目的に沿ったアウトプットになっていることです。タスクを始める前に想定していた目的に沿っていないアウトプットは、そもそも論外のはずですが、意外と多くのアウトプットはこのポイントを外しています。

当初の目的を達成できなかったために、言いわけのように別の目的を設定してしまう場合や、タスクに取り組んでいるうちに本来の目的を見失ってしまう場合など、さまざまなケースが想定できます。

こうしたアウトプットになるのを防ぐには、なぜこのタスクに取り組み、このアウトプットをつくるのかを、振り返りながら作業すると有効だとされます。

また目的が達成できなかったときには、素直にそれを報告すること。現在のアプローチではうまくいかなかった事実もひとつの結果ですから、ＰＤＣＡサイクルを回してアプローチの修正をするためにも、ダメなときはダメだったとストレートに報告することが必要なのです。

プラスアルファの価値があること

言われたことを、そのとおりにやり切ることは重要です。しかし、そこに「目的に即したプラスアルファの価値」が加わると、そのアウトプットはさらに輝きます。

たとえば「議事録をまとめる」という仕事があったとして、ミーティングでの決定事項が普通より簡潔に書かれていれば、それは〝目的に則したプラスアルファの価値〟となります。

周囲の人も、その人にまた仕事を頼みたくなるでしょう（リモート環境のビデオ会議で議事録をつくる必要があるかは、かなり疑問ですが、ここでは仮の事例として挙げています）。

なおこのとき、目的に則していないプラスアルファは「余計なお世話」になることもありますので、その点には注意してください。

とにかくわかりやすいこと

これは、常に誰かに見せるものであることを意識してアウトプットを作成する、ということです。ほぼすべてのアウトプットは、第三者の視点で客観的に見てもわかりやすいことが求められます。

特にこのポイントを満たしていることが求められるのは、メールで報告するときのメール文でしょう。何を報告しているのか、一読しただけでは意味がわからないようなメールは最悪です。たとえばこんな感じです。

〈悪い報告例〉

「4月5日に依頼いただいたA社への説明資料について、いったん作成しましたが、この中の現状分析の内容は??です。

また製品の選定についても、どれにすべきか微妙です。こんな状況ですが、この先どのように進めたらよいのか、ご意見もらえますでしょうか」

〈よい報告例〉

「4月5日に依頼いただいたA社への説明資料のドラフトを作成しました。過不足があれば、資料にコメントのうえ、7日までに返信いただけますか」

いずれの報告の例でも、添付されていたA社への説明資料は同じ内容だとします。明らかに後者の報告のほうが、アウトプットとしてわかりやすいのではないでしょうか。

親しみを持ってみんなでわいわいやるのが好きな世話焼きタイプですが、リモートワークで何かをアウトプットするときには、きりっとした解像度の高いメッセージを出すようにすると、周囲の評価はさらに高まるでしょう。

POINT

世話焼きタイプの弱点は、アウトプットの解像度が低いこと。特にメールの文章は事実関係を意識して書く。

Step 29

他人のメッセージは2~3回読んでから反応する

リモート環境では国語力が大事

チームで行うリモートワークでは、コミュニケーションを密にすることが大切なことを、すでに何度も述べてきました。

物理的には離れているからこそ、相手とうまくやっていくために連絡を通常以上にとることが求められるのです。

従来の日本的な職場では、何も言わなくても「上司からの無言の圧」や「職場の空気」で仕事が回っていたようなところも多々あるでしょう。しかしリモートワークでは、そのやり方は続けられません。

何も言わないと、オンライン上ではいないのと同じになってしまいますし、そもそも仕事が回っていかないからです。

となると、相手に対して言葉を使って伝えることや、相手の考えを正しく受け取ることがとても大事になってきます。いわば「国語力」です。

コミュニケーションできなければ、どんな高学歴でも使えない

ＩＢＭでは、採用の際に「国語力が大事だ」とよく言っていました。

外資系企業なので、むしろ英語力が大事なようにも思えますが、実のところ国語力のほうをより重視していたと思います。どんなに英語がうまくても、自分のメッセージを伝えることや、他人の意見を正しく受けとることができなければ無意味だ、という合意があったようにも感じます。

たとえばＴＯＥＩＣの点数が９００以上あるような社員でも、英文メールで海外の社員に出したメールを読むと、スペルや文法上のミスはないのにメッセージ全体とし

ての意味がまったくわからない、というようなこともありました。

この場合は、シンプルに相手の求めていることが理解できていないために発生したコミュニケーションミスと言えるでしょう。

英語力はともかく国語力がなければ、コミュニケーションの土台がうまくつくれないため、結局は「使えない人」認定されてしまうのです。

前項でも指摘したように、世話焼きタイプの人は対面でのコミュニケーションは大の得意ですが、メールなど文章でのアウトプットは少し苦手にしています。

国語力を意識して相手のメッセージに正しく反応し、自分の意見も理路整然と伝えるように注意しましょう。

本をたくさん読まなくても、ちょっとした心がけで上がって見える

とはいえ、国語力はどうすれば上がるのでしょう?

王道はさまざまな本や記事をとにかくたくさん読むことですが、これでは時間がかかります。もっと手っ取り早く、国語力を伸ばす方法が必要です。

対処療法として私がおすすめしたいのは、「他人のメッセージは、何かリアクションをする前にじっくり2~3回繰り返して読む」ように徹底することです。

目の前にはいない相手を思い浮かべて、その人がどういう意図や背景からこの文章を書いたのか? ――それを考えながら、1文1文をしっかりと繰り返し読みましょう。特に上位のマネジメント層の人が出したメールなどは、短い文章にさまざまな意

味が込められていることが多いので、ことさら注意して読むべきです。

そうして、発信者の意図はすべてつかめたな、理解できたな、という感触ができてから、初めて返信するようにします（もちろん、至急の返信が求められるようなケースは別です）。

このようにすれば、相手の求めているものに正しく反応した返信ができるようになります。リモートワークでの生産性も、さらに上がっていくでしょう。

POINT

即断即決できるのはいいが、それが拙速になってはダメ。上司や同僚からのメールに条件反射しないよう気をつけよう。

Step 30

オンライン飲み会を開催する

飲みニケーションがまったくないのは寂しい

コロナウイルスへの感染を防止するという大目標があり、さらにリモート環境ではチームのメンバー同士で直接顔を合わせる機会が減り、はたまた最近の若い世代ではお酒を飲まない人が増えているということもあって、このところアフター5に行う飲み会、いわゆる「飲みニケーション」の機会が激減した、と感じているビジネスパーソンはたくさんいるでしょう。

こうした飲みニケーションは、必ずしなければならないものではまったくありませんが、チーム内でのお互いへの理解を深め、業務上のコミュニケーションを円滑にする効果はあります。

まったく機会がないというのも寂しいので、イベントを盛り上げるのが得意な世話焼きタイプの人が率先して、何らかのイベントを企画すると、チーム全体から喜ばれます。

もちろん、リモート環境ですから通常の飲み会ではなく、ビデオ会議アプリを利用したオンライン飲み会です。

たとえば仕事で何か大きなタスクを達成したときや、新人の歓迎会、退職者の送別会などの機会に、みんなでオンライン飲み会をすることは励みにもなります。

ＩＢＭ時代には私も、上海などのアジア圏の外国チームとオフショア開発を行ったときには、現地社員や現地スタッフとオンライン飲み会をするようなことがありました（文化的なこともあり、欧米圏の社員とオンライン飲み会をした経験は、残念ながらありません）。

オンライン飲み会では、料理やつまみ、飲み物などをあらかじめ決めておいて、みんなで同じものを食べるというのもいいでしょう。離れていても角ハイボールで乾杯とか、みんなでマルゲリータのピザを食べるとか（アルコールが飲めない方は当然ながらソフトドリンクやノンアルコール飲料で）。

みんなでゲームをしたり、カラオケをしたりすることも可能でしょう。

意外に密なコミュニケーションが成立する

このようなオンライン飲み会では、次のようなメリットが期待できます。

- お互いに相手の話を聞こうとする
- 自分のことを丁寧に説明しようとする
- リアルな飲み会に比べ、変な絡みが少ないので参加しやすい
- 自分のペースで飲食でき、感染症の予防もできるので健康的
- みんなの顔がまんべんなく同時に見渡せる

オンライン飲み会はモニタ越しの集まりとなるので、店の雰囲気やまわりのお客の声、店員の介入などがなく、物理的な距離は離れていますが意外に密な、閉じられたコミュニケーションが成立しやすい状況です。

そのため、相手の話を漏れなく聞こうとする意識が働くのと、自分も丁寧に説明することになり、相手が話をしているときは割って入らないとか、そうした統制がとれた会話になりやすい気がします。

ましてや変に絡んできたり、喧嘩などの事件に巻き込まれたりすることもありませんから、女性や小さな子どもがいる人でも参加しやすいでしょう。感染症やアルコール関連の問題も起きにくいはずです。

こうした特長から、オンライン飲み会は次の2つの点で特に効果的だと考えます。

ひとつには、仕事を達成するための区切りとして役立つ点。

もうひとつには、この飲み会を通して、チーム内でのより効果的なコミュニケーションが図れるという点です。

オンラインでの飲み会を味気ないとは思わずに、積極的にその効果に目を向けると、より楽しく仕事ができるようになるのではないでしょうか。

POINT

オンライン飲み会にはオンライン飲み会のよさがある。リアルな飲み会と使い分ければ、飲みニケーションの達人になれるかも⁉

・・・

ここまで、それぞれの性格タイプに応じたおすすめのリモートワークの仕方を紹介してきました。

リモート環境では、社内外を問わず他人のことがわかりにくくなります。だからこそ、より相手を理解しようとすること、また相手の性格タイプを理解して接していくことが大切になると考えています。

自分のタイプのみならず、相手のタイプをも理解したうえで、よりよいリモートワークのあり方をみなさんも考えてみてください。

第4章

リモートコミュニケーションでの「べからず集」

Step 31

ビデオ会議では議題に関係ない個人向け発言は極力しない

この章では、リモート環境でのコミュニケーションでついやってしまいがちなものの、一歩間違えればパワハラやセクハラなどと言われかねない、避けるべきコミュニケーションのとり方をいくつか紹介しておきます。

小声での発言も参加者全員に聞こえているかも！

まず注意したいのが、大勢の参加者がいるビデオ会議での不用意な発言です。

この場合、通常なら誰かが司会進行役＝ファシリテーターとして、その場の議論をリードすることになります。

この際、モニタ越しに個人を指定して、議題とは直接関係のないことを音声で発言するのは、できるだけ避けたほうがよいでしょう。具体的には次のような発言です。

①「Aさん、今日は顔色悪いですね」
②「Bさん、すいませんがお子さんの声、ミュートしてください」

いかがでしょうか？　これくらいのことならつい言ってしまうかも、あるいは言っているかも、と感じる人が多いはずです。

しかし、そのビデオ会議にたとえば30人の参加者がいれば、その全員の前でAさんやBさんと個人を特定して、みんなに聞こえるように話している状態であることを、よく認識すべきでしょう。

眼の前にはいつもと変わらないパソコンがあるだけなのでつい油断しがちなのですが、リアルな会議であれば同じような発言を、参加者全員に聞こえるようには普通、言いません。おそらくはその当人や、たとえ漏れ聞こえても周辺の数人にだけわかるぐらいの音量で話すはずです。

ビデオ会議でも同じように、チャットやダイレクトメッセージなどの機能を使って、個別に伝えるなどの配慮をしておけば、無用な反感やトラブルを避けることができるでしょう。

マイクの機能にもよりますが、ビデオ会議では小さな声で喋ったつもりでも、全員に聞こえることもあるので要注意です。

POINT

リアルな会議でみんなの前で言わないことは、リモートの会議でもみんなに言わない。

Step 32

顔が映っているなら無表情では話さない

日本人は表情が薄いので、モニタ上では実際以上に無愛想に見える

ビデオ会議では、モニタを通して相手にも自分の顔が見えています。

そして会話しているときの表情というのは、相手が抱くあなたの印象に大きな影響を与えます。

リモートワークではノンバーバルなコミュニケーションが制限されますから、その影響の度合いは、リアルで会話する場合よりも大きくなると思われます。

つまり、リモート環境でのコミュニケーションで相手によい印象を与えたいのなら、極力会話中はニコニコ笑って、またリアクションなどもできる限り大きくするように意識しましょう。

日本人は会話で喜怒哀楽の表情をあまり出さない人が多いので、それくらいしないと、リモート環境ではぶすっとして不満そうに喋っているように見えることがあります。

不満げに話されていると感じた相手の中には、攻撃されていると感じる人も出てくることがあります。ただの無表情が、思わぬトラブルを呼び込むことさえあるのです。映像ありのビデオ会議では、いつも以上に笑顔を意識し、頬の筋肉を上に貼り付けておくくらいの気持ちで対応すれば、こうしたトラブルを予防できます。

上司と部下の関係では特に注意！

上司と部下など会社組織の中での上下関係がある場合には、上司が普通に会話をしているつもりでも、部下の側はその言動からさまざまなものを読み取ろうとしてしまいます。

個別に話したときに部下が怖がっている様子や、何か戸惑っているような様子があ

れば、自分が仏頂面で喋りすぎていたのかもしれないと、自問自答するくらいでちょうどよいでしょう。

そんなこと自分は関係ないと思っていると、リモートワークでもパワハラやモラハラの定義は変わりませんから、精神的な攻撃とみなされて部下に関係部署へ相談されるようなことにもなりかねません。十分に注意してください。

セクハラ発言は厳に慎む

セクシャルハラスメントに注意する会社では、異性の上司と部下での会議をする際、部屋の扉をオープンにしたまま実施するよう定められていることがありますが、リモートワークでは物理的な距離が離れているため、そのような場合でも、モニタ上で個別のビデオ会議をするくらいは問題ないでしょう。

ただし、言葉でのセクハラは従来と同様に判断されるので、性的なことや性役割的に関する発言は、しないように注意するべきなのはリアルなオフィスでの会話とまったく変わりません。

POINT

もともと無表情に話すタイプなら、ビデオ会議では意識して大げさに表情をつくろう！セクハラ発言には引き続き要注意。

Step 33

社内SNSアプリで意図せぬ仲間外れをつくらない

仲間外れができにくい仕組みを考えればいい

リアルな職場では、たとえば誰かが昼休みから帰って来たとたんに、職場での会話がピタリと止まったりすれば、何かあやしい感じが漂いますね。

実際の仕事への支障がなければそれでもまだよいのかもしれませんが、実際にその人を仲間外れにして業務上、不利な状況にするようであれば、これは法的にも完全なパワハラに該当します。

リモート環境ではそもそも物理的に個々人が分断されていますから、そうしたリアルな仲間外れはあまり起こらないのですが、オンライン上での意図せぬ仲間はずれと

いうのは意外に頻繁に起こります。

たとえばグーグルカレンダーを社内で共有利用し、上司の予定をチームのみんなに可視化していたとします。チームメンバーがそれぞれ上司の予定表を確認し、空いているところに勝手に予定を入れられるようにしていることもあります。

そのカレンダー上で、仮に「チーム会議」という名称の予定が入っていて、そこに自分の名前だけが参加者としてリストアップされていなければ、結構なショックを受ける人も少なくないでしょう。

故意にそうしたならまさに仲間外れで

すが、たまたま間違えたというケースのほうが圧倒的に多いでしょう。しかし、名前を入れ忘れられたほうの人間からしてみると、なかなか「あれ？　私の名前がないんですが！」とは言いにくい状況になります。

こういう状況を避けるために、できるだけ事前に運用のルールや仲間外れ防止の仕組みをつくり、意図せぬ人間関係からの切り離しが起きないようにしておきましょう。

たとえば右のカレンダー共有の例であれば、チーム全員のメールグループをあらかじめつくっておいて、チーム全員の予定を入れるときにはそのアドレスを設定するようにすれば、自動的にメンバー全員にメールが行くようにも設定できます。

それを一人ひとり、カレンダーに設定しているから間違いが起きるのです。問題が起きそうな業務プロセスを、少しずつでも常に改善するように心がけてください。

ルールと自主性のバランスをとる

もっと設定が難しくなるのが、社内で利用しているSNSアプリのグループ権限設定です。

昨今の社内SNSアプリとしては、マイクロソフトのTeamsとか、Slackなどがよく利用されています。

これらのアプリでは、何らかのテーマに沿った人だけが参加できるグループを簡単にSNS上に立ち上げることが可能です。この機能は非常に便利なのですが、ここでも誰を参加できるようにするかで問題が起こりがちです。

全社員が参加するグループ、ある職位までが参加できるグループ、ある部署のある職位までが参加できるグループといった具合に、あらかじめ一定の基準でいくつかグループを作成したうえで、追加でプロジェクトごとに希望者のみを参加可能とするグループも用意する、という運用が比較的スムーズで、かつ意図せぬ仲間外れを予防できる方法のようです。

いずれにせよ、重要なのは基本的なルールを社内に明示しておくことです。

そのルールが適切でなければ、社内から改善を求める声があがるでしょう。

そうした不満が一定数以下なのであれば、あとはその範囲内で自由に活用するだけ。積極的に活用するかしないか、それだけです。

リモートワークでも高いパフォーマンスを発揮しようとするビジネスパーソンであれば、参加資格の有無や仲間外れを過度に気にするより、堂々とこうした社内SNSに参加して、積極的に発言していくようにしましょう。

万が一、意図せぬ仲間外れ状態になっていることに気づいたときも、臆せず「あれ、私も参加していいんですよね？」と上司に確認できるくらいの図太さを持って、日々の仕事に臨んでください。

POINT

リモートワークでは、全員を無駄なく稼働させるための仕組みづくりも重要。ソフトウェアの運用ルールを工夫する。

Step 34

待機命令でも、本当にただ待っているだけではダメ

待っているだけでは会社も雇用も守れない

リモートワークであっても、その人の役割、能力に応じた仕事はしないといけません。また上司も部下に対して、適切な要求をしていく必要があります。

新型コロナウイルスによる緊急事態宣言下では、急な自宅待機を余儀なくされた方も多かったはずです。事前の準備にとれる時間もあまりなかったので、あの状況下ではリモート環境でできる仕事もあまりないし、本当にただ待っているだけでした、というケースも多かったかもしれません。

しかし、ずっとその状態が続けば会社は存続できません。個人にとってもまずい状態です。

多少状況が落ち着いてきた現在、そして在宅勤務などがより一般化するであろう今後は、仮に会社からの待機命令が急に出たとしても、現場ではできる仕事を積極的に進めていかなければならないでしょう。

上司がきちんと配慮しないと法的な問題になることも

特に上司の立場にある人は、それぞれの部下に適した仕事を、しっかりと割り振ることを意識してください。

それができる状態なのに、指示を怠った場合には、「本人の能力より相当、過少な要求をする」というパワハラの定義にも当てはまりかねません。ちなみにこれは、いわゆる「追い出し部屋」などの設置を防ぐために法律上に設けられている規定です。

設備面や制度面でできる限りの配慮をし、リモート環境でも部下がしっかり仕事ができるようにするのは「上司の仕事」なのです。

業種などによっては、リモート環境に適した仕事を割り振ることがなかなか難しい場合もありますが、そういうときには何か違う形で、部下が仕事をできる環境を提供することが会社や上司の役割になります。

もともとの仕事がオフィスでの作業なら、リモートでもやれることはたくさんあります。いつもしてもらっている仕事を在宅ではお願いできないとしたら、そうしたふだんしている仕事ではなくても、誰かの相談を受けるとか、毎朝打ち合わせをしてほかのメンバーの健康状態をチェックする、といった仕事でもいいのです。

会社の業務について改めて学ぶ勉強会などを設置してもいいでしょう。

ずっと「待機してください」という指示を出されるのは、部下にとっては非常に辛いことです。追い出し部屋のリモート版のような状態が続けば、労働問題となる可能性もあります。メンタルヘルスの点からも注意すべきでしょう。

そうしたリスクをあらかじめ減らせるよう、安易な待機指示はしないようにも注意してください。

上司も手探り状態

一方で、そうした状態に置かれてしまった社員としては、どうしたらよいのでしょうか？

まずは、手を挙げることが大事だと思います。

「せっかくリモートで休めるんだから、黙って休んでいよう」といった心臓に毛の生えたような人なら、それはそれでいいのかもしれませんが、待機が長くなれば会社での自分の居場所がいつまで確保されているのか、不安になってくるケースのほうが多いでしょう。

そういう状況では、上司のほうも初めて

の事態で、手探り状態なことが多いです。

部下が自ら手を挙げて、いまの自分の状況で困っていることを報告したり、やりたいこと、できることを積極的に伝えてくれれば、上司としても助かります。

すぐには対応してもらえなくてもあきめず、不平不満という形ではなくて前向きな提案の形で何度か言挙《ことあ》げしていれば、自分も相手も慣れてきますから、いずれちょうどよいところに落ち着いていくのではないでしょうか。

そうした話し合いの結果、従来よりも自分の性格タイプに合った仕事が得られるかもしれません。

待っているだけでは状況は変わりません。勇気を持って、自分から状況を変えていく意識を持つようにしましょう。

POINT

部下は自分がいまできる仕事が何か、自分から探す姿勢が必要。上司は部下に仕事を回して、きっちり働かせるのが義務。

Step 35

プライベートには触れず、ワークライフバランスに気を配る

うっかりプライベートをのぞき見しがち

リモートワークの時代には、働く人は自宅にいるまま、会社の業務を行います。こうした状況では、上司や管理職の立場にある人が、部下のプライベートに接する機会がどうしても増えます。

ビデオ会議の背景に自室の片付いていない様子が映り込んだり、独身の部下のはずが後ろを異性の誰かが通り過ぎたり、といったさまざまな状況が予想されます。

こうしたふいに入り込んできたお互いのプライベートには、原則として気安く触れないことが非常に重要です。特に性別が違う人への言葉がけは、相手の受け取り方しだいではセクハラにもなりかねませんから、十分に気をつける必要があります。

お互いのエチケットとしても、ビデオ会議の映像の背景は家族が誰も入ってこない、スッキリした壁だけの場所にするとか、それが無理なら背景画像を差し替える設定をするなど、心配りが求められるようになるでしょう。

音声についても、家族の生活音が入り込まないよう配慮したり、家族に少し注意してもらうなど、事前に話し合っておくとよいと思います。

就業時間の感覚を忘れない

加えて、リモート環境ではお互いのワークライフバランスにも注意しなければなりません。

各種のビデオ会議ソフトウェアや社内SNSアプリなどは、その仕組み上、24時間いつでもメッセージを送ったり、会議に招待したりできます。

自分が在宅でこもり切りの作業をしていたりすると、時間の感覚があいまいになってしまって、つい夜遅くにチームメンバーに相談のチャットを持ちかけてしまうことがあります。
そこに上司と部下の関係があったりすると、話しかけられた相手は反応しないわけにもいかず、家族の団らん時間だったかもしれないのに業務上のコミュニケーションに引き戻されてしまいます。

このように、リモートワークでは就業時間の概念があいまいになりがちで、ともすれば周囲の人のワークライフバランスまで崩すことがあります。そうしたことをしないように注意しなければなりません。
9時~5時など、会社で原則的に設定されている勤務時間を超えたらできるだけ連絡しないとか、遅い時間に情報を発信する場合には相手の反応を必要としない報告や、「お役立ち情報」の紹介にとどめるなど、お互いのワークライフバランスを害さないように配慮することが必須です。

受信する側も、自分なりに仕事と生活を両立するためのルールをつくっておき、発信された時間に即した形で反応するようにしましょう。

たとえば、夜間や土日には緊急の案件以外、返信しないと決めてしまうとか、返信するにしてもあえて砕けた文体にして、「プライベートの時間ですが、対応はしましたよ」というニュアンスを感じさせるようにする、などです。

今後、リモートワークが当たり前になっていけば、こうした新しい形のビジネスマナーも、より一般化していくのではないかと思います。

POINT

ビデオ会議でのプライベートの映り込みはどうしても起こる。お互いに見ていない振りで、スルーするのがエチケット。

Step 36

ビデオ会議だからといってトイレまで我慢しなくていい

場所移動がないので効率的だが……

意外と知られていない、リモートワークにおける「あるある苦労話」として、最後にトイレの時間をどうとるか、という話をしておきます。特にマネージャー職などで電話会議、つまりテレカンファレンスに参加することが多い方は、思い当たるところがあるのではないでしょうか？

リモートワークでは、場所を移動する時間が必要ないため、始まりと終わりの時間がしっかりコントロールできるのであれば、会議のすぐあとに別の会議を入れる、ということが普通にできます。

しかも上司のスケジュールをクラウド上でチームメンバーと共有し、勝手に予約を入れていい、という運用にしていると、ときどき本当に隙間なくビデオ会議などの予定を入れられてしまうことがあるのです。

そうなると何が起きるかというと、当たり前ですがトイレに行く時間がなくなります。

リアルな職場なら、会議室から次の会議室に移動するあいだに「ちょっと待っていてください」などと断わってトイレに駆け込むことができますが、リモートだと接続先を切り変えるだけなので、意識しないとそんな時間さえなくなります。

こんな話は、1時間とか30分ピッタリではなくて、会議と会議のあいだには10分休憩を設ける、というルールにすればいいだけじゃないか、と言われるかもしれませんね。——そのとおりです。

ただ、本当に忙しい人だと、ルールを設けていても勝手にスケジュールを入れられてしまうこともままあるのです。

リモートだからといってすべてを変える必要はない

結局、こんなときはどうすればいいのか？

単純に誰にも断らないで、ビデオ会議の途中で勝手に席を離れ、トイレに行って何食わぬ顔で戻ってくればいいいだけです。

ふだん、オフィスでの会議中、トイレのために席を立ちたいときに、わざわざ全員に聞こえるように「トイレに行ってきます」なんて断わってから行きませんよね？

ところがリモート環境だと、つい余計な気を遣いがちです。

そんな必要はないので、トイレ休憩だけに限らず、これまでのワーキングスタイルと同じようにして問題ない場面では、自分の都合でこれまでどおりに対応すればいいのです。

POINT

リモートワークだからといって余計な気まで遣う必要はない。いつもどおりにできるところは、そのまま押しとおせばいいだけ。

少し長い「おわりに」

本書では、急激に広まったリモートワークという仕事の仕方について、筆者の経験からさまざまなアドバイスをしてきました。

最後に2つのポイントだけ、ここで追加させてもらいます。

①自由な時間が増えるから、その時間で未来への投資をしよう

リモートワークによって、通勤時間や移動時間が減り、自分の自由にできる時間が増えます。その自由な時間を使って、未来の自分への投資をしていきましょう。

私が勤めていたＩＢＭでは、以前、「教育に飽和点はない」という言葉を信条のひと

つとして掲げていました。実際に非常に多くの研修を社内で設定するとともに、多くの時間を社員の教育にあてていました。

ネット経由のEラーニングが多用されるようになってからは、会社が時間を決めて行う研修ではなく、社員が自分でコースを選んでEラーニングを受けるような研修体制に移行していきました。

こうした体制では、自発的に学ぶ姿勢があるかどうかが問われます。学びの機会は全員に開かれていますが、そこで自発的に自分の未来に投資するかどうかは、その人次第です。

本書を読んでいるみなさんは、せっかく得た自由時間で、ぜひこうした未来への投資に取り組んでください。ここでも、3つのルールを紹介しましょう。

☑ いまの仕事の延長線上の勉強をする

ひとつには、いまの自分の仕事を発展させるような勉強をすることです。

現在の仕事に役立つ勉強であれば、周囲の人やお客様にも喜ばれ、自分に対する信用を増やすことにもつながります。たとえば英語を使う仕事なら、オンライン授業でTOEICや英会話の勉強をするなどです。

☑視野を広めるための勉強をする

2つ目には、これまでの自分とは異なる視点を得られそうな学習をすることです。たとえば自社が薦めている参考図書などがあれば、それは社員みんなが読むでしょう。しかしそれだけでは、他のメンバーと同じ価値観しか身につけられません。同じ分野でも別の書籍も読んでみたり、まったく違う分野の本も読んでみるなど、意識して自分の視野を広げられる投資をしていきましょう。

☑勉強内容を組織にフィードバックする

3つ目に、勉強した内容は極力、社内外にフィードバックするように心がけることです。

結局は自分のための勉強ですが、会社員の方ならただ上司に報告するだけではなく、社内にも広くフィードバックして、他の社員にも役立つ情報として提供すれば、大きな付加価値が生まれます。

いまの時代、黙ってコッソリ学ぶことにはほとんど利点はないのではないでしょうか。勉強していることをオープンにすることによって、勉強仲間も増えるし、関連した次の仕事の依頼があるかもしれません。

リモートワークで空いた時間は、ぜひ未来への投資に活用してください。

②いまに没頭し、犬のように生きろ

リモートでの在宅ワークを言い渡された。あるいは自宅待機を言われた。さらには雇い止めにあった。会社が倒産した。結局、失業してしまった。

リモートワークについてはよいことばかりではなく、こうした予期しないまずい状況が発生することもあります。

そんなときでも、本書で紹介したさまざまなリモートワークのノウハウを使い、そのときどきで自分にできる最高のパフォーマンスを発揮していきましょう。

リモートワークでは、自分に合った仕事の仕方が可能です。いま眼の前にある仕事に没頭し、とにかくいまできることに集中して生きていけばよいのです。

言い換えれば、穴に落ちたら這い上がるだけでいいのです。

何かよくないことがあったとしても、犬と同じように這い上がるしかありません。運悪く穴に落ちてしまっただけです。いろいろ考えても仕方ありません。

犬が穴に落ちたときに、あれこれ考えたり、計画を立てたりするでしょうか？とにかく、すぐに地面に這い上がろうとするだけですよね？

リモートワークでもリアルな職場でも、大事なことは、いま眼の前にある仕事に最大限の力を注ぐことです。

■プライドを捨てること

■いましている以外のことは思考から消すこと
■楽しむこと

この3つを実践できていれば、どんなに深い穴からでも必ず這い上がれます。プライドを捨てられれば、たとえば自分より若い人に頭を下げることも何でもありません。穴から這い上がるのにプライドは関係ありません。両手と両足を使って、汚れても何でも、土を掻いて穴を出ることを目指せばよいのです。

また、いましていること以外を思考から消せれば、最高に集中して眼の前の仕事に取り組めます。

そしてその過程を楽しむことができれば、持続力につながります。あとは量と時間の問題です。

人生はいくらでもやり直しがききます。

仮にそれまでずっといた会社を辞めることになっても、それはそれとして受け入れて、次の人生の舞台に前向きに進んでいきましょう。

そこで必要以上に振り返ったり、会社に反抗したりしても、益がないどころか時間の無駄です。恋愛と同様、いままでの仕事は時代との相性が合わなくなったのです。もう、考えても意味がないのですね。たんなる相性の問題です。ましてや自分のせいだなんて思う必要もないのです。

相性が合わなくなったら別れる。それだけです。

ピンチがきたら、次にチャンスがやってきます。

一時的に失業しようが、給料が下がろうが、立場が低くなろうが、その程度のこと。次のタイミングには、本当に自分がやりたかった仕事に巡り会えるチャンスが訪れるのかもしれません。

私の前職のＩＢＭの卒業生にも、さまざまな分野に転進した人がたくさんいます。まったく別の分野で起業して社長になったり、コンサルタントとして独立したり、自分の好きな分野の会社に再就職したり、学校や塾の先生になったり、なかには芸術家になった人もいます。

会社組織のピラミッドを離れたとたん、本当の自分がやりたかったことを見つけた人が多くいるのです。もちろん不本意な仕事をしてる人もいるでしょうが、転職を機に新たな成功を手にした人もまた多いのです。

しかもその新しい人生を、リモートワークで自分らしく働ける、そんな素晴らしい時代になってきています。


そう思えるためには、ふだんから会社がすべてだなんて思わないことです。日ごろから、会社を離れてもなんとかなるはずだ！　と考えておくべきでしょう。

またシニアの方なら、逃げ切ろうなどと決して考えないこと。「働かないおじいさん」になるなんてもったいない！　いつまでも挑戦あるのみです。

⋮

本書では、幾多の困難を乗り越えてきたグローバル企業ＩＢＭと、国内有数のホワイト企業であるクレスコで、私が学んだリモートワークのノウハウを１冊にまとめました。

危機の時代においても、また大きな変化の時代においても、いつでも通用する仕事のノウハウだと自負しています（ただし本書の内容は、両社の現在の人事評価制度やリモートワーク上の戦略や施策を示しているわけではまったくありませんので、その点は誤解なきようお願いいたします）。

本書の読者のみなさんの中には、まさに困難な状況でがんばっている方も多くいらっしゃると思いますし、こうして書いている私も、これからのことはわかりません。

そうした先の予測ができない時代では、自分から環境に適応して変化すべきです。

急速に変化する状況では、その場、その場に集中して生きていく以外にありません。

日本社会全体が否応なしに大変革を迫られている現状だからこそ、がんばりすぎなくてもハイパフォーマンスを実現できるリモートワーク術によって、ひとりでも多くの方がピンチをチャンスに変え、新たな成功をつかむことを願ってやみません。

最後になりましたが、今回、出版の機会を与えてくれた株式会社すばる舎のみなさん、特に担当編集の菅沼真弘氏には、原稿がなかなか進まないときにも最後まで支えていただき、心から感謝申し上げます。

また企画段階からお力添えをいただいたネクストサービスの松尾昭仁様にも、多大な励ましをいただきました。

そして執筆を陰で支えてくれた私の友人、家族にも、この場を借りて厚くお礼申し上げます。

本書が、みなさんのお仕事の一助になれば幸いです。

令和二年七月三十日　　山内　貴弘

【著者略歴】 **山内 貴弘**（やまうち・たかひろ）

株式会社クレスコ エグゼクティブ IT アーキテクト

日本アイ・ビー・エム株式会社を経て、東証一部上場の超ホワイト企業・株式会社クレスコで、テクニカルポジションの最上位職として技術面をリードしている。

◎——筑波大学大学院システム科学研究科修了。
◎——大学卒業後に入社した IBM では、職種はシステムズエンジニアなのにソフトウェア営業日本一を二度獲得。同期中最速で課長職に昇進し、IBM 認定プロジェクトマネージャーとなる。トラブルプロジェクトを 2 週間で立て直す、1 週間で 17 億円のコスト削減をする、大手通信会社の料金計算システム構築といった大規模プロジェクトを数多く成功させる、など大きな成果を残す。
◎——IBM ではグローバルビジネスサービスの人材開発ポートフォリオ戦略における Japan Leader も担当し、オフショア開発等のリモートワークの推進とともに、数千人のエンジニアのスキルアップ、スキルシフトをもとにした組織変革を強力に推進した。
◎——現在は、株式会社クレスコでグループ会社含めた 2300 名の技術リーダーとして多くのエンジニアを育成するとともに、スクラムマスターとしてお客様のアジャイル開発を推進。若いメンバーとともにリモート開発を牽引している。
◎——趣味は 24 時間ジムで体を動かすこと、フルーツを食べること、サウナ、坐禅。坐禅では臨済宗の老師から「見性」（悟りを見た）の印可を得る。最近はすみっコぐらし® に共感するなど、興味の対象は幅広い。
◎——人材育成学会、日本学習社会学会、情報処理学会、計測自動制御学会、プロジェクトマネジメント学会等に所属し、最新技術の追求と人材育成をテーマに国内外で発表を行う。
◎——著書に『一夜漬け AWS 認定ソリューションアーキテクト アソシエイト直前対策テキスト』『一夜漬け AWS 認定クラウドプラクティショナー直前対策テキスト』（ともに秀和システム）がある。

うまくやる人のリモートワーク術

2020年 9月16日　　第1刷発行

著　者 ―― 山内 貴弘
発行者 ―― 徳留 慶太郎
発行所 ―― 株式会社すばる舎
〒170-0013　東京都豊島区東池袋3-9-7 東池袋織本ビル
TEL　03-3981-8651（代表）
03-3981-0767（営業部直通）
FAX　03-3981-8638
URL　http://www.subarusya.jp/
振替　00140-7-116563

印　刷 ―― 中央精版印刷株式会社

ISBN978-4-7991-0917-5